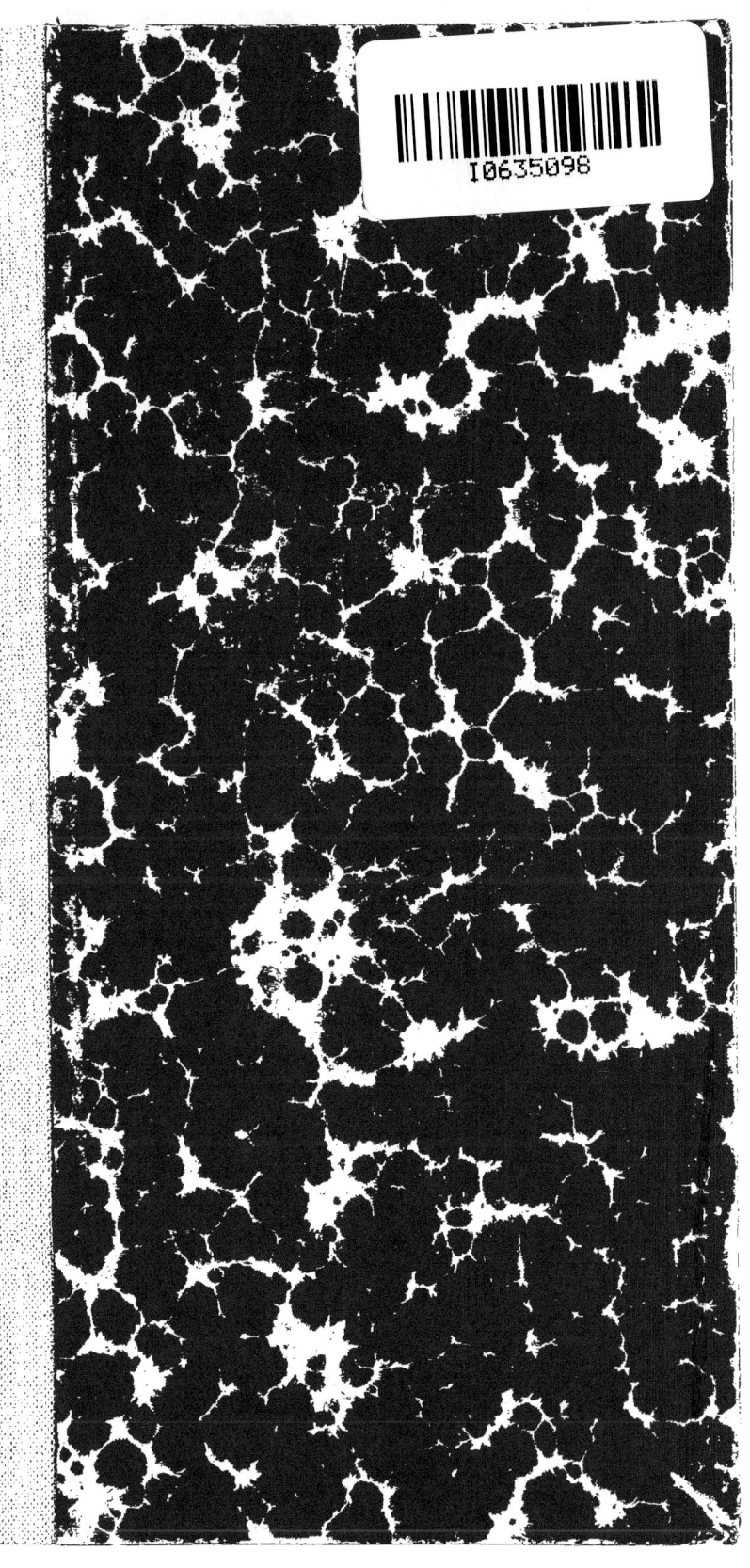

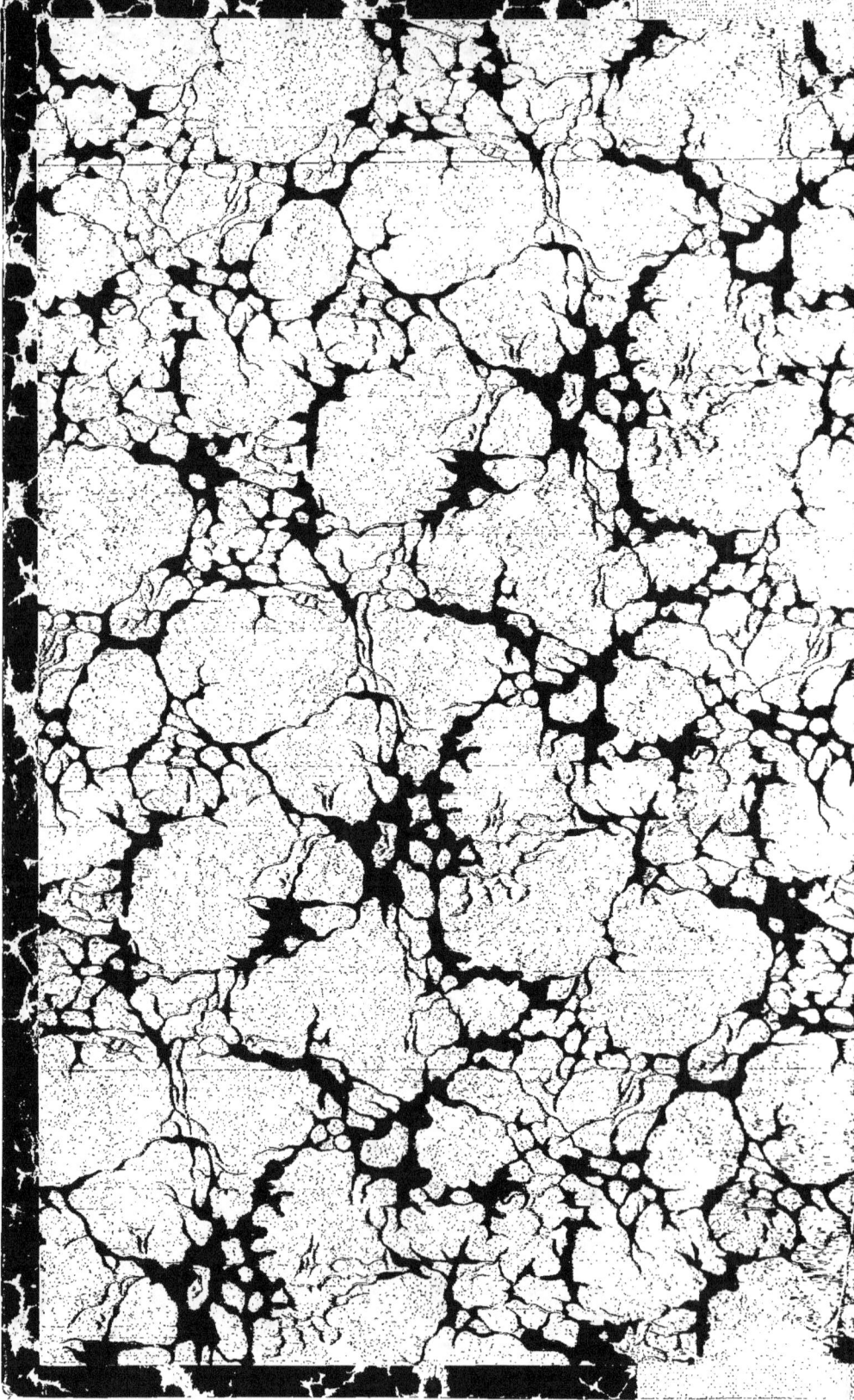

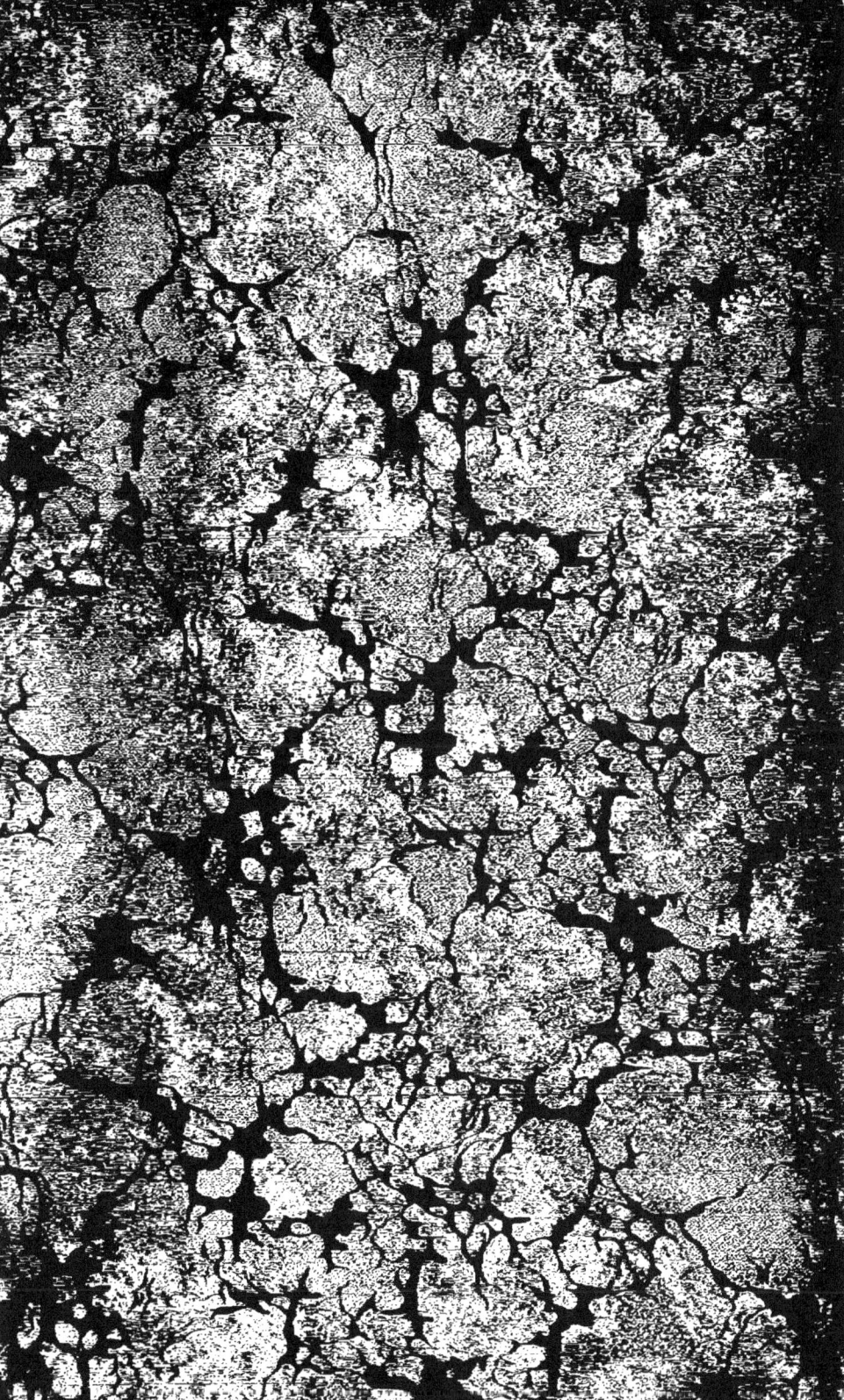

FRANCISQUE HABASQUE

LE

DERNIER DUC D'AQUITAINE

XAVIER DE FRANCE

1753 - 1754

PARIS
Alphonse PICARD, éditeur
82, rue Bonaparte, 82

BORDEAUX
FERET et FILS, éditeurs
15, cours de l'Intendance, 15

1890

LE

DERNIER DUC D'AQUITAINE

XAVIER DE FRANCE

FRANCISQUE HABASQUE
Correspondant du Ministère de l'Instruction Publique

LE

DERNIER DUC D'AQUITAINE
XAVIER DE FRANCE

1753 - 1754

ÉTUDE HISTORIQUE
suivie de la réimpression des

VERS

sur la naissance de Monseigneur le Duc d'Aquitaine
célébrée dans le Collége des Jésuites de Bordeaux

ET DE

PIÈCES JUSTIFICATIVES
inédites

PARIS

ALPHONSE PICARD, éditeur

82, rue Bonaparte, 82

BORDEAUX

FERET et FILS, éditeurs

15, cours de l'Intendance, 15

1890

A Monsieur Léopold Delisle

Membre de l'Institut,

Administrateur Général de la Bibliothèque Nationale

Hommage respectueux.

F. H.

Nous trouvâmes un jour, en bouquinant, égarée dans un recueil factice de pièces de théâtre du XVIIIᵉ siècle, une plaquette imprimée à Bordeaux, chez Lacorne'e, imprimeur du Parlement.

Elle était intitulée : « Vers fur la naissance de Monseigneur le duc d'Aquitaine, célébrée dans le Collége des Jésuites le 6 décembre 1753. »

Cette plaquette nous parut curieuse et, nous étant assuré qu'elle était unique, le désir nous vint de la réimprimer. Nous pensâmes aussi qu'il ne serait pas sans intérêt de faire précéder cette réimpression d'une notice sur le petit prince dont la venue avait été si poétiquement saluée.

Nos recherches à ce sujet durent être minutieuses ; car Xavier de France, enlevé dès le berceau, a laissé si peu de traces que M. Henri Martin l'omet dans l'énumération des petits-fils de Louis XV et que dans Bordeaux, naguères capitale de son apanage, bien peu savent encore en l'honneur de qui l'une des plus belles portes de la ville a reçu le nom d'Aquitaine.

Cependant les mémoires, les gazettes et les archives nous ont permis de reconstituer l'éphémère existence de ce frère oublié de Louis XVI, ou plutôt de décrire le milieu dans lequel il naquit et les cérémonies et les manifestations dont il fut l'occasion. Si, tout en mettant au jour un épisode peu connu de l'histoire de Bordeaux, nous avons donné quelque idée des conditions dans lesquelles vivait au siècle dernier un Fils de France en son bas âge, notre travail aura atteint son but.

Nous avons cru devoir, pour le compléter, joindre aux Vers des Jésuites quelques autres poésies, échantillons oubliés du lyrisme d'une autre époque, et surtout une série intéressante de lettres et de documents inédits afférents au sujet. Ils proviennent tant des Archives nationales que des Archives départementales du Lot-&-Garonne et de la Gironde et des Archives municipales de Bordeaux et d'Agen qui nous ont été gracieusement ouvertes.

Nous avons aussi trouvé, à des titres divers, un concours empressé chez nos amis MM. Barckhausen, Henri Ouvré, Tholin, Ad. Magen et Gaullieur, qu'ils en reçoivent ici tous nos remerciements.

XAVIER-MARIE-JOSEPH DE FRANCE

LE DERNIER DUC D'AQUITAINE

XAVIER-MARIE-JOSEPH DE FRANCE

Le 7 Janvier 1747, tout Dresde était en émoi.

Le duc de Richelieu, Ambassadeur Extraordinaire du Roi Très-Chrétien, escorté de ses pages, traversait la ville en grand apparat. Dans son cortège, à côté des carrosses du Corps Diplomatique, figuraient les splendides carrosses de la Cour de Saxe.

Il allait faire à Frédéric-Auguste III, Roi de Pologne, Electeur de Saxe, et à la Reine Electrice la demande solennelle de la main de leur fille, Madame la Princesse Marie-Josèphe, pour le Dauphin de France, fils de Louis XV, déjà veuf de l'Infante Marie-Thérèse d'Espagne.

L'audience fut courte, la main étant accordée d'avance, et bientôt l'Ambassadeur regagna son palais entre les flots pressés du peuple auquel un domestique lançait des poignées d'argent.

Dans l'après-midi il ý eut à l'ambassade divertissement musical, le soir illumination, la nuit souper de plus de quatre cents dames et seigneurs et bal jusqu'au matin.

Trois jours plus tard le Prince Electoral, frère aîné de la fiancée, l'épousait au nom du Dauphin. Le Nonce du Pape, assisté des Evêques de Cujavie et de Cracovie bénissait le mariage ; et Dresde était comme submergé par un déluge de fêtes.

Banquets, danses, concerts, feux d'artifice se succédaient au milieu des emblêmes galants et des décorations mythologiques. Ce n'étaient qu'aigles tenant au lieu de foudres des fleurs de lys dans leurs serres, que dauphins couronnés soutenant les armes de France et de Saxe, que figures de la Seine et de l'Elbe unissant leurs ondes, fleurs enlacées, autels enguirlandés, inscriptions allégoriques. L'une de celles-ci résumait à la fois l'espoir et le vœu des deux Cours : dans le sanctuaire d'un temple antique, entre les images des nouveaux époux, s'élevait une statue de l'Hymen ; à ses pieds des Amours se jouant lui adressaient cette prière : « *Adde genus de conjuge tantâ.* »

La prière devait être largement exaucée.

Les fêtes saxonnes eurent leur fin. Le duc de Richelieu partit, gratifié par le Roi auguste d'une épée enrichie de diamants et d'un service de porcelaine. Et le 14 Janvier, au bruit du canon, la jeune Princesse commençait, pour se rendre auprès de son époux, ce voyage triomphal de toutes les Dauphines, si plein d'adulations, d'enivrements et d'espérances, et prélude, trop souvent, de désillusions, d'amertumes et de malheurs.

Marie-Josèphe avait alors quinze ans et deux mois. Elle était de taille ordinaire, fort bien faite, blanche de teint, avait des cheveux magnifiques, de beaux yeux bleu-foncé, la physionomie agréable et eût même été jolie si le dessin du nez eût été plus correct. Elle était née la huitième de quatorze enfants. L'une de ses sœurs, Marie-Amélie, était déjà mariée au Roi des Deux-Siciles. Une autre, Marie-Anne, allait épouser l'Electeur de Bavière. Son mariage était bien plus brillant que le leur et pouvait même, quoiqu'elle fût de race illustre et petite-fille par sa mère de l'Empereur Joseph, passer pour inespéré. Il lui permettait en effet, à elle cadette de Saxe, de considérer comme son avenir normal cette couronne de France, rêve des plus puissantes princesses de l'Europe; et elle en approchait au moment où la victoire de Fontenoi venait de lui donner un nouveau lustre. Aussi, comme on le disait à Versailles, la Dauphine sentait parfaitement tout son bonheur. Elle était intelligente et, bien qu'elle parlât encore mal le français qu'elle entendait cependant assez bien, elle arrivait précédée d'une réputation d'esprit. On citait déjà de ses reparties : comme on lui parlait, en chemin, du caractère de ses nouvelles belles-sœurs et qu'on lui dépeignait le sérieux de Madame et la gaîté de Madame Adélaïde : « Eh bien, répondit-elle, je prendrai conseil de Madame et je me divertirai avec Madame Adélaïde. »

Après quatorze jours de route, Marie-Josèphe touchait le sol français. Elle y trouva avec la duchesse de Brancas, Grande Maîtresse de sa nouvelle Maison, un certain nombre de dames chargées de la recevoir. Parmi elles (les choix peignent l'époque), figuraient madame de Lauraguais qui avait été la maîtresse du Roi, madame de Pompadour qui l'était et madame d'Estrades qui essaya de l'être.

Le 7 Février, à Corbeil, eut lieu la rencontre avec le Roi et le Dauphin ; le 8, à Choisy, l'entrevue avec la Reine et les Princesses ; le 9, à Versailles, le mariage.

Puis à la Cour et à la Ville les fêtes se succédèrent.

Ce ne furent partout, comme à Dresde, que lacs de fleurs, unions de chiffres, alternances d'armoiries, enlacements de fleuves, allégories mythologiques, dauphins couronnés. Le même feu d'artifice illumina le même temple ; avec ce perfectionnement, pourtant, qu'ici l'Hymen lui-même, de sa torche, alluma sur l'autel la flamme qui embrasa les pièces.

Un jour durant, pour récréer les Parisiens, on promena, tout à travers leurs rues, cinq grands chars peints et dorés où trônaient Mars, Bacchus, Cérès, la Ville de Paris et encore l'Hymen, et qu'emplissaient des gens tout chamarrés d'or et d'argent, vêtus, selon les équipages, qui d'écarlate, qui de bleu-céleste, de cramoisi, de jonquille ou de bleu-turquin. Les uns faisaient de la musique, les autres, aux carrefours, jetaient au peuple des morceaux de cervelas, des biscuits et des oranges. Au cours de la promenade Mars, cahoté, perdit la tête; et des mécontents de profession chansonnèrent le Prévôt des Marchands, organisateur du divertissement[1] ; mais tout cela n'empêcha point celui-ci d'être généralement goûté.

[1] Monsieur le prévôt des marchands,
Ma foi vous vous moquez des gens.
Votre Cérès au teint livide
Garde pour elle ses gâteaux ;
Bacchus n'a que des tonneaux vides ;
Mars mutilé tombe en morceaux ;

Le peuple, animal ignorant,
N'aperçoit ici que clinquant ;
Moi j'admire votre sagesse :
Cet or qui paraît faux à tous,
En dépit d'eux, par votre adresse,
Devient un or très pur pour vous.
            (Journal historique de Barbier).

A Versailles, le bal masqué des Grands Appar-
tements excita l'admiration générale : éclairage
merveilleux, coup d'œil splendide, foule énorme.
Le matin, au retour, la file des carrosses des
invités de Paris s'étendait ininterrompue des portes
du Château aux barrières de la Ville. Les gourmets,
seulement, regrettèrent les pâtés de truite et les
poissons au bleu qui avaient fait le charme
inoublié du bal de noces de la première Dauphine,
donné comme l'autre un Vendredi ; mais la glou-
tonnerie des consommateurs avait alors été telle
qu'on avait cru devoir, cette seconde fois, rendre
le buffet moins engageant.

Ces rapprochements entre les cérémonies et les
réjouissances des deux mariages du Dauphin
firent revivre pendant quelques jours le pâle sou-
venir de la feue Infante. Transplantée en France
pour obéir à des convenances politiques, la pauvre
Princesse n'y avait guère paru que pour y mourir ;
elle n'avait pu marquer sa place ni dans l'état, ni
au foyer conjugal. Il n'en fut pas de même de
Marie-Josèphe de Saxe. Celle-ci eut tout pour
elle : le temps, le savoir-faire et la volonté.

Son désir bien arrêté fut, dès l'abord, de
réussir à la Cour du Roi, son beau-père. Le
terrain, si dangereux pour tous sous les grâces
de la surface, était pour elle particulièrement

difficile. Le seul fait de son arrivée froissait une cabale puissante qui avait ardemment souhaité pour le Dauphin un nouveau mariage espagnol. Sa belle-mère lui était peu favorable : Marie Lesczynska, en effet, n'oubliait pas que son père, le Roi Stanislas, avait été renversé du trône de Pologne par l'Electeur de Saxe et elle n'avait pas vu sans dépit devenir sa bru la propre fille de celui-ci. De plus, les filles aînées de Louis XV, qui prétendaient pour leur part à un rôle personnel ; madame de Pompadour, soucieuse de toujours dominer le Roi pour diriger la France, étaient autant d'ennemies nées de toute influence nouvelle. Enfin il fallait incessamment compter avec les multiples intrigues des ministres, des courtisans, des femmes et des valets. Pour se guider et se garder au milieu de tant d'écueils Marie-Josèphe n'avait pas grand secours à attendre du Dauphin, tenu de se maintenir dans une extrême réserve. Néanmoins par son tact, son esprit, son adresse, son humeur charmante, elle tourna les obstacles, émoussa les résistances, et se créa bientôt une situation considérable.

Plus rapidement encore elle s'attacha sincèrement son mari. Ce Prince, tout jeune, (il n'avait pas dix-huit ans,) était fort honnête homme. Il possédait des connaissances étendues, et avait paru à l'armée avec distinction. Il s'était donné pour modèle son grand-père le duc de Bourgogne, l'élève de Fénelon et professait des sentiments de dévotion très accentués. Les frondeurs du règne l'exaltaient comme le protecteur des mœurs et le gage d'un avenir meilleur : il était par là-même peu agréable au Roi. Traité par celui-ci avec une constante froideur, réduit le plus souvent au minimum de son rôle officiel, il cherchait par un effacement apparent à endormir les susceptibilités paternelles et vivait fort dans son intérieur. La grâce et les qualités affectueuses de sa femme l'y retinrent de plus en plus, et firent d'autant plus large dans son cœur la place des sentiments conjugaux que ceux-ci furent avivés par la naissance de huit enfants.

Le premier fut une fille qui naquit le 26 Août 1750. Elle fut bientôt suivie d'un fils, le duc de Bourgogne, qui vint au monde si rapidement, tout au milieu de la nuit, que le Dauphin, éperdu, fit entrer comme témoin jusqu'au Garde-du-Corps de faction et que le Roi, en ce moment à Trianon, fut saisi par la nouvelle au point de se trouver mal. Cet évènement, d'importance capitale pour la dynastie, fut, de haut en bas, célébré par un débordement de réjouissances. D'ordre royal, la Cour se para d'habits magnifiques : étoffes d'or, broderies d'or, dentelles d'or ; les ducs de Chartres et de Penthièvre avaient leurs boutonnières bordées de diamants. Les Princesses portaient des robes à deux cents livres l'aune. Pendant huit jours on n'entendit à Versailles, dans les cours, dans les galeries, sur les terrasses que tambours, violons et cris de joie. Tous les corps de métier vinrent manifester en l'honneur du petit Prince. Par la voix de madame Renard, célèbre aux Halles par son éloquence, les harengères haranguèrent ; on eut toutes les peines du monde à empêcher les bouchers de tuer un bœuf dans la cour même du Château ; et les valets de chien du Petit Equipage chassèrent tout au travers des jardins un grand Cent-Suisse orné d'une dépouille de cerf.

Les démonstrations d'allégresse, causées par la naissance du premier fils du Dauphin, devaient, bien qu'un peu affaiblies par le fait même de l'existence du duc de Bourgogne, se renouveler, deux ans après, par la venue d'un second garçon, celui-là même qui fait le sujet de cette étude.

Il allait, au moment opportun pour la monarchie, apporter une diversion aux préoccupations de l'opinion publique.

La situation, en effet, n'était plus la même qu'à l'arrivée de Marie-Josèphe. La royauté bénéficiait alors de récents succès militaires, de la gloire de

Fontenoi, et aussi de l'élan d'amour qui avait
entraîné toutes les classes de la nation vers la
personne du Roi quand celui-ci avait failli mourir
à Metz. Maintenant le prestige s'évanouissait. La
France était mécontente des faiblesses de la politique extérieure qui devaient engager l'étranger à
recommencer la guerre. On craignait des troubles
en Languedoc et en Bretagne, et l'on y envoyait
des troupes. Les finances étaient détestables; l'armée et la marine mal payées; le clergé, les pays
d'Etats résistaient aux nouveaux impôts. La résur-
rection de la vieille querelle des Molinistes et des
Jansénistes, les dissensions, arrivées au paroxysme,
des évêques et des corps judiciaires agitaient,
passionnaient les esprits. Le Parlement de Paris
venait d'être exilé; quatre de ses membres enlevés
la nuit et jetés dans des prisons d'état. Les Parle-
ments de province prenaient le parti de leurs
collègues. La masse se désaffectionnait du Roi.
Toujours sous le joug de Madame de Pompadour
qui avait pris récemment son tabouret de duchesse,
quasi encouragé par elle, il se laissait aller à des
écarts de conduite dont, malgré tout, le secret
transpirait et qui excitaient l'indignation populaire.
Des émeutes même avaient éclaté, dans la crainte
où l'on était de voir enlever des enfants pour servir à de honteux mystères.

C'est dans ces occurrences que suivit son cours, durant l'année 1753, la nouvelle grossesse de la Dauphine.

Rendue prudente par de récentes fausses couches, elle avait cessé de prendre part aux voyages de la Cour et menait à Versailles une vie douce et réglée. Sa délivrance devait arriver en Septembre. Aussi, à partir du premier de ce mois, le Roi décida-t-il, faisant trêve à ses déplacements incessants, qu'il passerait toutes ses nuits au Château et demeurerait à portée jusqu'au jour où sa belle-fille lui donnerait un petit-enfant de plus.

Une question importante avait été déjà résolue en ce qui concernait cet enfant : celle du nom qu'il porterait s'il était un garçon.

L'on comptait, d'après l'usage, qu'il s'appellerait le duc d'Anjou. Mais le frère du Roi, le dernier qui eût porté ce titre, étant mort en bas âge, Louis XV, frappé de ce fait, se montra très déterminé à nommer autrement son petit-fils. Il chargea le savant Président Hénault de lui présenter un mémoire sur ce qui s'était pratiqué pour les noms des seconds Fils de France et, finalement, s'arrêta au titre quasi-royal de duc d'Aquitaine, titre qui depuis des siècles n'avait point paru dans l'histoire, mais qui évoquait de grands souvenirs et honorait une grande province.

Quant au prénom, l'on choisit celui de Xavier, particulièrement cher à la Maison de Saxe qui se considérait comme protégée par Saint François Xavier, et qui attribuait à l'intercession de ce saint l'obtention de bienfaits spéciaux dont elle conservait pieusement la mémoire.

Le nouveau duc d'Aquitaine ne devait plus se faire longtemps attendre.

En effet, le Samedi, 8 Septembre, à midi, la Dauphine ressentait les premières douleurs.

Immédiatement prévenus, le Roi et la Reine, suivis des Ministres St-Florentin et d'Argenson, descendirent dans la chambre de la Princesse, tandis que les Membres de la Famille Royale, les Princes du Sang, les Grands Officiers de la Couronne se tenaient dans les pièces voisines, et que la Cour entière, émue de la nouvelle instantanément répandue, affluait à l'appartement.

Les souffrances de la Dauphine, d'abord assez légères pour lui permettre d'entendre une messe célébrée pour elle dans son cabinet, s'accentuèrent bientôt de façon à faire prévoir un dénouement imminent; et, à une heure trois quarts, le Roi ordonnait d'introduire dans la chambre le Chancelier et le Garde des Sceaux. Cinq minutes après, les portes étaient ouvertes à deux battants, et tout le monde entrait au moment même où se faisaient

entendre les premiers vagissements du nouveau-
né.

La duchesse de Tallard, Gouvernante des Enfants de France, recevait dans ses bras le rejeton
royal et l'expression de joie qui venait illuminer
ses traits révélait de suite aux courtisans attentifs
qu'elle tenait un garçon.

Déjà chacun se le disait à l'oreille, lorsque
l'annonce solennelle de la venue au monde de
Monseigneur le duc d'Aquitaine vint changer les
présomptions en certitude.

Contenus quelques instants, les transports écla-
tèrent et ce fut, dans cette foule brillante, à qui
prodiguerait au Roi et à la Reine, dont le bonheur
semblait très vif, les marques les plus ardentes de
respect et d'attachement. Les hommes leur bai-
saient la main, le bas de l'habit ou de la robe.
Eux-mêmes, dans leur allégresse, embrassèrent
plusieurs des femmes qui les complimentaient;
quant au Dauphin, il les embrassait toutes : sa
joie tenait du délire.

La première émotion passée, eut lieu l'ondoie-
ment : l'usage étant de ne pas procéder pour les Fils
de France aux cérémonies du baptême avant qu'ils
ne fussent en âge d'en comprendre la portée.
Ce fut le Cardinal de Soubise, Grand Aumônier
de France, qui ondoya l'enfant en présence du

Curé de la paroisse du Château. Puis le Garde des Sceaux, Grand Trésorier de l'Ordre du Saint-Esprit apporta le Cordon Bleu auquel pendait une croix ayant servi à Henri IV, et le passa au cou du petit Prince.

Le duc d'Aquitaine, chrétien et chevalier de l'Ordre, fut ensuite présenté à sa mère et, sous la conduite du Capitaine des Gardes du Corps en quartier, duc de Villeroy [1], porté par la duchesse de Tallard à l'appartement qui lui était destiné.

Il fut loisible alors à la Dauphine de prendre enfin quelque repos et de se remettre de cette dure épreuve de l'accouchement public, réservé aux princesses de famille souveraine.

Cependant le Roi et la Reine avaient à rendre grâces à Dieu de l'évènement qui venait de s'accomplir et, à cinq heures, accompagnés de la Famille Royale et des Princes du Sang, précédés de deux

---

[1] Les puristes en étiquette prétendirent que le Capitaine des Gardes devait tenir une place différente, en pareille occurrence, selon qu'il conduisait un Dauphin et un duc de Bourgogne ou bien un Cadet de France ; qu'au premier cas il marchait derrière l'enfant, et au second devant lui. Le duc de Luynes raconte dans des Mémoires qu'il en voulut avoir le cœur net et que le duc de Villeroy, consulté, répondit que le Capitaine marchait comme il le jugeait à propos ; et que, quant à lui, il avait toujours marché devant, comme étant plus utile pour faire faire place à l'enfant que portait la Gouvernante.

Huissiers de la Chambre portant leurs masses, ils se dirigèrent vers la Chapelle où, après les vêpres, l'abbé Gergoy, Chapelain Ordinaire de la Chapelle-Musique, entonna un premier *Te Deum* qui devait, pendant plusieurs semaines, avoir, dans la France entière, de multiples échos.

Au sortir de l'office, le Roi admit à le saluer dans son Cabinet de Glaces les Princesses et les dames présentes à Versailles. De là, toute la Cour alla successivement rendre ses hommages à la Reine, au Dauphin, au duc de Bourgogne, à Madame et à Mesdames de France. Mais tout l'intérêt de la réception se porta sur le duc d'Aquitaine qui, entré dans son rôle de prince en même temps que dans la vie, reçut, à son rang, dans son appartement, les révérences des Princes du Sang, des Ministres et des Grands-Officiers.

Sa nourrice pourtant dut bientôt reprendre ses droits, tandis que les Souverains soupaient en grand couvert avec la Famille Royale.

Le soir, le Château fut illuminé et, à minuit, par les ordres du duc de Richelieu, Premier Gentilhomme de la Chambre en exercice, on tira sur la Place d'Armes, entre la Grande et la Petite Ecurie, un beau bouquet d'artifice. Le feu, fourni par le sieur Deslandes et conduit par le sieur de Fonpertuis, Intendant des Menus-Plaisirs, fut bien exécuté, fort vif, mais ne dura guère plus de trois minutes. Il fit honneur à l'artificier : il n'y eut qu'une dizaine de blessés. L'impromptu de la naissance du duc de Bourgogne avait mis le feu aux deux Ecuries et causé la mort de plusieurs hommes[1].

Cependant, dans cette journée du 8 Septembre qui avait vu le Château en tel émoi, de nombreux courriers avaient quitté Versailles. L'un d'eux avait porté à l'Archevêque du diocèse l'invitation du Roi d'ordonner des prières publiques et de faire exposer le Saint-Sacrement pour obtenir l'heureuse délivrance de la Dauphine. D'autres, en hâte, avaient été expédiés aux deux Rois de Pologne pour leur annoncer la naissance de leur petit-fils et arrière petit-fils. Mais il était une puissance qui, même avant les rois, avait été prévenue ; cette puissance, c'était la ville de Paris. Entre la royauté et elle, il existait une sorte d'étiquette traditionnelle qui, dès le premier moment,

---

[1] La cause de cet incendie fut plus tard contestée et l'on prétendit que le feu avait été mis par une lumière laissée imprudemment près des fourrages.

Quant à l'impromptu du duc d'Aquitaine, il y fut blessé trois artificiers et sept journaliers auxquels on accorda 240 livres d'indemnité.

La préparation de cet artifice coûta 2705 livres et l'exécution, fournitures comprises, 6439 livres 19 sols.

associait la capitale aux évènements dont la sur-
venance intéressait l'hérédité dans la Famille
Royale.

Dès qu'une Reine ou une Dauphine était en
travail, le Gouverneur de Paris envoyait au Prévôt des Marchands et aux Echevins l'ordre du
Roi de s'assembler à l'Hôtel-de-Ville. Occupés à
prendre les premières mesures nécessaires, ils y
demeuraient en permanence jusqu'au moment où
le courrier du Roi leur apportait à bride abattue
la nouvelle de la naissance. Ce courrier était toujours un officier des Gardes du Corps, et son
grade même indiquait si le nouveau-né était un
garçon ou une fille : pour un Prince, on envoyait
un chef de brigade; pour une Princesse, un
exempt. L'officier recevait de la Ville un présent,
d'ordinaire une tabatière, mais plus riche s'il était
chef de brigade.

De son côté, le Gouverneur avisait aussi le
Corps de Ville par un gentilhomme ou un page
selon le sexe de l'enfant.

Le duc d'Aquitaine fut annoncé dans toutes
les règles.

Le courrier fut le sieur de Pujol, chef de brigade attaché au Dauphin. Ses relais étaient posés
avec des chevaux de chasse, et un homme courait
devant lui pour qu'il ne trouvât nul embarras. Il

ne mit, montre en main, qu'une demi-heure de Versailles à l'Hôtel-de-Ville; encore fut-il obligé de n'aller qu'au trot sur les pavés trop secs du quai de la Ferraille que la rapidité de la délivrance de la Dauphine n'avait pas laissé le temps de sabler suivant la coutume.

M. de Pujol était arrivé à trois heures. A trois heures et demie se présentait à son tour M. Desgranges, Maître des Cérémonies. Il apportait l'ordre du Roi de commencer les réjouissances.

Déjà, dès le premier moment, une salve d'artillerie et les tintements de la cloche de l'Hôtel-de-Ville avaient appris la nouvelle aux Parisiens. A sept heures et demie, le canon retentit de nouveau; le Prévôt des Marchands et les Echevins allumèrent, avec le cérémonial ordinaire, un feu de joie sur la place de Grève, aux quatre coins de laquelle coulèrent des fontaines de vin; on distribua du pain au peuple; on lança force fusées, et plusieurs orchestres mêlèrent le son de leurs instruments aux acclamations de la foule. La nuit, par l'initiative des habitants soutenue d'une ordonnance de police, toutes les rues furent illuminées.

Tel fut l'impromptu de Paris, sorte d'esquisse de la véritable fête qui n'eut lieu qu'une semaine plus tard, le Dimanche, 16 Septembre.

Ce jour-là, dès cinq heures du matin, la cloche

municipale sonna en tocsin pour ne s'arrêter qu'au
lendemain ; quatre salves d'artillerie s'espacèrent
entre l'aube et la nuit, et, dans l'après-midi, un *Te
Deum* solennel fut chanté à Notre-Dame. L'Archevêque officiait pontificalement. Dans la Cathédrale étincelante de lumières, autour du Chancelier et du Garde des Sceaux se pressaient le
Conseil d'Etat, la Chambre des Comptes, la Cour
des Aides, le Corps de Ville, invités de la part
du Roi par le Maître des Cérémonies. Seules res-
taient vides, à la droite du chœur, les stalles
d'ordinaire occupées par le Parlement encore en
exil.

Quand Paris fut enveloppé d'ombre, on tira
sur la place de l'Hôtel-de-Ville un de ces feux
d'artifice magnifiques dont le décor et les magiques effets ont tenté si souvent la pointe spiri-
tuelle et fine des graveurs du dix-huitième siècle.
Nous en donnerons une juste idée en reprodui-
sant la relation qu'en fit la *Gazette de France* dans
son numéro du 22 Septembre :

« La décoration représentoit un Temple d'Architecture Ionique, bâti sur une montagne. L'édifice à l'extérieur étoit de forme carrée. Deux
groupes de colonnes, placés de chaque côté des
entrées principales, portoient au dessus de leurs
corniches l'Ecusson des Armes de Monseigneur le

Duc d'Aquitaine, auxquelles des Génies servoient de supports. Les entre-colonnes étoient occupés par des Vertus exécutées en bronze doré et portées sur des piédouches. Des Amours qui voltigeoient autour des colonnes paraissoient s'empresser d'y attacher des guirlandes de fleurs. Au frontispice du grand Portique étoit un tableau dans lequel on voyoit tous les Dieux assemblés. Le Destin venant d'exaucer les vœux de la France, la déesse Iris assise sur l'Arc-en-Ciel annonçoit à la Terre cet heureux évènement. De pareils tableaux servoient de couronnement aux autres façades. La Gloire, les Vertus et les Grâces exprimoient par leurs attitudes la part qu'elles prenoient à la naissance d'un Prince dont l'éducation alloit devenir l'objet de leurs soins. Dans les quatre angles de la décoration étoient la Jeunesse, la Fortune, la Santé, la Tempérance, en bronze doré, sur des piédestaux de marbre bleu turquin. L'intérieur du Temple étoit de forme circulaire et avoit pour fond un massif orné de ¹pilastres, qui soutenoient un entablement surmonté par des cassollettes de parfums. Une colonnade entouroit le sanctuaire. Au milieu étoit un autel sur lequel la France offroit un sacrifice en actions de grâces. Tous les fonds de l'Edifice, soit en dedans, soit en dehors, étoient feints de marbre bleu turquin ;

les colonnes et les frises de marbre blanc veiné ; les moulures des entablements et les ornements des frises, de bronze doré.

« De la montagne qui servoit de base à l'Architecture naissoient plusieurs coteaux, dont les plans diversifiés, après avoir formé de grands bosquets de verdure sur les angles, s'abaissoient imperceptiblement vers le milieu des façades de la décoration. On apercevoit au centre de chaque bosquet un groupe de Fleuves en marbre blanc. Les eaux qui sortoient des urnes sur lesquelles ils étoient appuyés, se partageoient en différentes cascades pour l'embellissement du païsage dont l'édifice étoit environné. Elles alloient ensuite se réunir au devant des façades dans de riches bassins au milieu desquels des Nayades et des Tritons célébroient par leurs jeux et par leurs danses le sujet de la fête.

« L'artifice commença par une grande quantité de fusées d'honneur, mêlées de fusées à quatre branches, de composition chinoise. A ces fusées succéda une cascade de quarante pieds de haut composée aussi en feu chinois et placée en face de l'Hôtel-de-Ville. Elle fut accompagnée de plusieurs caisses. Ensuite parut, dans tout le pourtour du Parc, une cascade double, alternativement couronnée d'arbres, de pots d'ordonnance et de pots à aigrettes. Le haut de la Terrasse dans les quatre angles étoit garni de quatre pièces composées en feu brillant à plusieurs changemens. Cet effet d'artifice fut suivi de trois soleils dans la principale face et dans les deux faces latérales. Celui de la face vis à vis de l'Hôtel-de-Ville étoit de deux cents rayons. Il portoit au centre les chiffres de Monseigneur le Dauphin et de Madame la Dauphine. Ces soleils furent accompagnés de caisses et de pots d'ordonnance. Le feu fut terminé par une girande de pots d'ordonnance et de fusées chinoises. Il a été exécuté par le sieur Pierre Ruggieri, Artificier Italien. »

Cette brillante pyrotechnie, ce ruissellement de feux avaient ébloui les spectateurs. Mais ces derniers, malgré l'incroyable compressibilité des foules, ne formaient qu'une part infime de ceux qui eussent voulu voir; aussi, jusqu'à deux heures du matin, y eut-il, à la Grève, un concours étonnant de carrosses amenant les personnes qui venaient au moins contempler le décor. Elles étaient quasi dédommagées, d'ailleurs, par l'illumination de l'Hôtel-de-Ville qui, au fond de la place toute entourée d'ifs scintillants de lumières, se détachait sur le ciel en lignes de flammes. Des filets lumineux s'enroulaient autour des colonnes, s'étendaient au long des entablements. Des lustres, suspendus par des nœuds de gaze d'or, éclairaient les moindres détails de l'architecture et, au fronton, devant la figure de Lutèce, se détachaient en transparent les Armes de France.

L'hôtel du duc de Gesvres, Gouverneur de Paris, ceux du Prévôt des Marchands, du Président Hénault, maints autres magnifiquement décorés, attiraient aussi l'attention de la foule. La ligne des quais étincelait embrasée du Pont-Neuf au Palais Bourbon, se répétant dans la Seine en magiques reflets; et, l'obligation d'illuminer étant générale, Paris jusque dans ses plus lointains quartiers, avec ses monuments, ses palais, ses églises, Paris se baignait de clartés.

Aussi, à la faveur d'une nuit superbe qu'égayait encore un beau clair de lune, les bourgeois, les gens les plus qualifiés ne se lassaient-ils pas de courir la ville, s'amusant des éclats de la joie populaire.

Sur toutes les places publiques, autour des tonneaux de vin défoncés et des distributeurs de victuailles, la foule s'empressait; des orchestres de quinze à vingt musiciens faisaient sauter les soldats et les ouvrières, les grisettes et les commis. A une heure les violons s'arrêtèrent, mais l'aube se levait que le peuple en liesse chantait encore par les rues.

Paris avait célébré la naissance du duc d'Aquitaine dans un de ces accès de gaîté qui lui
prennent parfois entre deux accès de colère. Malgré l'espoir des mécontents on avait oublié, pour
un jour, le Parlement, les Jansénistes, la bulle
Unigenitus. La politique et la discorde allaient
bientôt reprendre leurs droits.

Si la Grande Ville venait, selon l'expression
consacrée, de faire éclater son zèle, nombre de
corporations, d'associations, de personnages, étaient
désireux ou obligés de faire aussi éclater le leur.
Paris retrouva donc dans la multiplicité des fêtes
particulières comme la menue monnaie de la sienne.

Il y eut à l'Hôtel des Invalides cérémonie reli-
gieuse, appareil militaire, feu de joie, salves d'artillerie et de mousqueterie ; chez le duc de Gesvres, au château de Monceau, dîner de grands
seigneurs, *Te Deum* de haut parage, feu d'artifice,
souper somptueux au son des timbales et des
trompettes ; au Collége Louis-le-Grand, fanfares,
fusées d'honneur, soleils et feux chinois.

Puis ce furent l'Académie et le Collége de
Chirurgie qui firent chanter leurs actions de grâ-
ces à Saint-Côme ; les Fermiers Généraux à Saint-
Eustache ; les Secrétaires du Roi aux Célestins ;
le Corps de Ville à Saint-Jean en Grève ; les
Payeurs des Rentes à la Mercy ; les Contrôleurs

aux Blancs-Manteaux et ainsi de suite jusqu'à ce que tous se fussent acquittés de leurs devoirs envers le Roi et la Famille Royale.

Le profane d'ailleurs, dans aucune de ses branches, ne demeura en reste avec le sacré. Les pastellistes composèrent des tableaux allégoriques; les miniaturistes peignirent des tabatières où l'Olympe tout entier s'empressait autour du nouveau-né; un graveur offrit à la Dauphine un médaillon représentant l'Amour et la Fécondité réunis pour le bonheur de la France. L'éditeur de l'Almanach Dauphin pour 1754 mit dans la bouche des Douze Mois de l'année des compliments variés au jeune Prince sur son heureuse naissance. Les généalogistes établirent que celui-ci remontait par son aïeul Henri IV jusqu'aux ducs mérovingiens qui avaient jadis régné sur le Sud-Ouest; les historiens donnèrent des Essais sur l'Aquitaine. Les poètes firent assaut de cantates, d'odes et d'églogues. Les théâtres enfin organisèrent des représentations gratuites en l'honneur du petit duc. L'Académie Royale de Musique joua les *Fêtes de Polymnie* ; les Comédiens Français, le *Philosophe marié* et le *Mari retrouvé* avec le *Divertissement des Charbonniers* ; et la Comédie Italienne, les *Brouilleries nocturnes* et le *Retour d'Arlequin* avec le *Ballet des Savoyards*.

Ce qui s'était passé à Paris se passa naturellement dans tout le Royaume.

Versailles, la ville royale, illumina de sorte que
le Dauphin et Mesdames de France se donnèrent
le plaisir d'en parcourir les rues en carrosse. Les
petites capitales de province suivirent de leur
mieux l'exemple de la grande. Des tourbillons
d'encens montèrent vers le ciel, les évêques
publièrent des mandements, les gouverneurs
firent danser, les villes allumèrent des feux de
joie et l'on vit jusqu'à des seigneurs de village
adresser aux gazettes la relation des bergerades
qu'ils avaient organisées en l'honneur du nouveau-né.

Aussi unanimes, mais plus imposantes en leur
martiale gaieté, furent les fêtes de l'armée. Les
soldats de Fontenoi, de Raucoux et de Lawfeld
devaient la bienvenue au futur général.

Il y avait à ce moment six grands camps d'instruction établis à Erstein sous le marquis de
Saint-Pern, à Sarrelouis sous le fameux Chevert,
à Aymeries sous le prince de Soubise, à Mézières
sous le marquis de Brezé, à Gray sous le duc de
Randan et à Beaucaire sous le sieur de Cremille.
Partout il y eut prises d'armes de nuit ou de jour,
coups de canon à foison, feux roulants, mous-
quetades à satiété, distributions extraordinaires

aux hommes, grands dîners chez les généraux, santés enthousiastes au Roi et au duc d'Aquitaine, fanfares, musique, comédies et bals champêtres, mariages même entre des soldats libérés du e r-vice et des filles du pays; mais la fête du sieur de Cremille fut tout spécialement goûtée.

Ce Lieutenant-Général se mit hors de pair par la décoration de son feu d'artifice qui consistait en un temple de Mars, d'ordre dorique, bâti sur un front de fortification. Pour l'orner d'inscriptions appropriées, tous les latinistes du camp avaient été mis à contribution. Sur le fronton, décoré des armes d'Aquitaine, se dressait la statue du Dieu de la Guerre « *Ludos inter bellicos resurgit.* » Thémis et Minerve, au milieu des trophées, semblaient là pour garder l'enfant royal. Celui-ci était peint en bas-relief, reposant dans son berceau, sur le soubassement de l'édifice : « *Tu Marcellus eris !* » Une autre grisaille allégorique lui prédisait des destins glorieux : « *Quo non fata ibunt?* » Le Roi des Dieux lui-même venait à la rescousse : « *Assignat puero jam laurea Jupiter arva.* »

A la nuit, toutes les troupes se mirent en bataille à la tête du camp, face à cette agréable mythologie. Elles tirèrent trois salves d'artillerie et de mousqueterie avec tant d'ordre qu'il sem-

blait qu'une colonne de feu parcourait la première
ligne et revenait par la seconde. Puis le feu d'artifice illumina le temple d'une incroyable profusion
de gerbes, de fusées, de bombes et de globes de
feu, à l'admiration générale ; le tout, sans préju-
dice des divertissements subséquents : festin, bal
paré et fontaines de vin.

Cependant, tandis que le nom de son second
fils retentissait partout, la jeune Dauphine, grâce
à sa forte constitution, se remettait promptement :
la mère et l'enfant n'ayant jamais cessé de se porter au mieux, malgré les bruits qu'avaient tenté
de répandre certains mécontents jansénistes. Au
bout de quinze jours elle accordait des audiences
et recevait le comte de Looss, Ambassadeur du
Roi son père, qui quittait la Cour de France après
un long séjour et le sieur L'Estevenon de Berken-
roode, Ambassadeur des Provinces-Unies, chargé
de lui présenter les félicitations des Etats-Généraux.

Au bout d'un mois, sans se départir encore de
certaines précautions, elle reprenait ses soirées et
ses concerts intimes, et faisait exécuter chez elle
« *Didon abandonnée* », opéra italien de Hasse,
Maître de Musique du Roi de Pologne Electeur
de Saxe, avec Guadagni, le chanteur à la mode
nouvellement arrivé d'Angleterre, dans un des
principaux rôles.

Il restait à la Princesse à faire à Paris sa visite de relevailles. Versailles, en enlevant à la Grande Ville la résidence des rois, n'avait pu lui retirer ses droits de capitale, et la Famille Royale ne manquait jamais d'y venir consacrer par sa présence, les évènements qui touchaient la France.

Le 18 Octobre, à quatre heures de l'après-midi, le Dauphin et la Dauphine arrivèrent en grande pompe et, à travers les rangs pressés des Parisiens, se rendirent à Notre-Dame. A la porte de la Métropole, sous un pavillon richement drapé, l'Archevêque les attendait, revêtu de ses ornements pontificaux et entouré de son Chapitre. Il complimenta les Princes et leur offrit l'eau bénite ; puis ceux-ci furent conduits au chœur d'où ils entendirent le chant du *Te Deum* ; après quoi, tous deux furent prier à l'autel de la Vierge. C'étaient là des dévotions quasi-officielles. Les ayant accomplies, le Dauphin et sa femme voulurent, par leurs dévotions privées, marquer où allaient leurs sympathies dans les querelles religieuses qui agitaient la France ; et, de la Cathédrale, ils allèrent à l'église du Noviciat des Jésuites assister au salut. Dans cette seconde église, comme dans la première, les Gardes du Roi et les Cent-Suisses en armes faisaient le service d'honneur.

Marie-Josèphe s'était montrée à Paris ; le moment était venu pour elle d'aller reprendre sa place à la Cour.

Celle-ci, depuis le 12 Octobre, était à Fontainebleau.

La Dauphine la rejoignit le 20 ; et, arrivant assez tard au Château, lassée d'un voyage qui n'était point alors sans comporter quelque fatigue, elle se mit immédiatement au lit où la Reine vint la voir en sortant de la Comédie. Mais, dès le lendemain, reposée et dans tout l'éclat de sa fraîcheur, la jeune Princesse paraissait en grand habit.

Le Roi et son Conseil, durant le séjour à Fontainebleau, préparaient de graves mesures. Déjà, en Septembre, le Parlement refusant de rendre la justice, avait été instituée une Chambre des Vacations composée de Conseillers d'Etat et de Maîtres des Requêtes et destinée à suppléer la juridiction régulière jusqu'à la rentrée de la Saint-Martin. Cette Chambre avait fait mauvaise figure devant la résistance des tribunaux inférieurs, l'abstention des hommes d'affaires et la répugnance des plaideurs. On avait arrêté cependant d'aller encore plus loin dans la même voie, et de créer, en Novembre, une Chambre Royale, siégeant au Louvre, avec toutes les attributions civiles et criminelles du Parlement exilé. Mais on n'était pas sans inquiétudes sur l'effet et les conséquences des ordonnances projetées, et Louis XV cherchait, dans le bruit et l'éclat des fêtes, à atténuer les soucis de la politique et à soulager son incurable ennui.

Un des plaisirs à ce moment les plus goûtés à la Cour était le spectacle. On organisa pour le 23 Octobre une représentation des plus magnifiques en l'honneur de la Dauphine.

Le programme comprenait la comédie *des Fées* de Dancourt, jouée par les Comédiens Français. La pièce, coupée de trois intermèdes, était précédée du prologue de *Phaëton*, allégorie toute semée de couplets relatifs à la naissance du duc d'Aquitaine; le sieur de Chassé y chantait le rôle de Saturne et la demoiselle Chevalier celui d'Astrée. Les moindres personnages des intermèdes étaient représentés par les premiers acteurs de Paris : en femmes, les demoiselles du Perrey, de la Mole et la tendre et charmante mademoiselle Fel qui jouait une suivante de la Gaîté; en hommes, Poirier, Gélin, Vée et l'incomparable Jeliotte qui, deux ans plus tard, allait quitter la scène. Les ballets furent dansés par les premiers sujets de l'Opéra, Vestris en tête, auxquels on avait adjoint la demoiselle Catinon de la Comédie Italienne, pour remplir le rôle de l'Amour dont elle avait les

3

traits. Les Surintendants de la Musique de la Chambre avaient arrangé les airs et conduisaient: le sieur Francœur l'orchestre, formé des Musiciens du Roi; le sieur Rebel le théâtre, où les chœurs étaient chantés par les Demoiselles de la Musique. Le sieur Laval, Maître des Ballets de Sa Majesté, avait réglé les divertissements.

Tout ce qu'il y avait de talent, d'élégance, de séduction dans le monde théâtral alors si brillant, se trouvait assemblé ce soir-là pour fêter, dans une harmonieuse apothéose la mère de cet enfant qu'on eût dit le nouveau filleul des Fées.

Mais ces hommages enivrants, ces poétiques flatteries allèrent certes moins au cœur de la Princesse que les modestes actions de grâces, touchantes entre toutes, que firent célébrer à la Paroisse les pauvres de Fontainebleau, pour appeler les bénédictions de Dieu sur le fils de celle dont ils avaient appris à connaître l'inépuisable charité.

Cependant l'auguste nouveau-né, cause de tant d'allégresse, centre de tant d'adulations, Son Altesse Royale Monseigneur le duc d'Aquitaine, inconscient du bruit qu'il faisait dans le monde, reposait tranquille à Versailles dans son appartement.

Cet appartement, situé dans l'aile dite des Princes, était somptueusement installé.

On y accédait par une antichambre meublée de chêne et de drap rouge et où se dressaient, le soir, les lits des gens de service.

La chambre même du duc, tentures et ameublement, était toute garnie d'un damas de Tours cramoisi, rehaussé à profusion de crépines, galons et franges d'or, et sur les tons chauds duquel tranchaient seuls d'une façon éclatante les rideaux de damas blanc des fenêtres.

Un tapis de peau de mouton rouge rubanné de soie recouvrait le parquet.

Au milieu de la pièce, sous un grand baldaquin drapé de damas et surmonté de quatre pommes frangées d'or, se dressait le berceau. Il était de bois de hêtre, avec garniture cramoisie, sous couvre-pied de satin blanc, et matelassé et doublé de taffetas. De chaque côté s'y attachaient deux tresses de soie terminées en houppes d'or et destinées à lui imprimer le mouvement nécessaire.

Un bénitier, dont la croix était soutenue par des chérubins, brillait au mur non loin du berceau, que semblaient garder deux grands lits richement ornés dans le goût des autres meubles, et destinés à la Gouvernante et à Madame la Nourrice. Celle-ci avait à sa disposition pour y faire, selon les cas, reposer son nourrisson, une remuette laquée de rouge à filets dorés. Des écrans peints

comme la remuette, de chauds paravents, per-
mettaient de régler à volonté dans la chambre
l'air et la chaleur.

La toilette était comme enfouie dans les plis
élégamment chiffonnés d'un brocard or et argent
nué de fleurs de soie de diverses couleurs. Le
miroir cintré, les brosses, la boîte à poudre
étaient recouvertes du même brocard, et les peignes d'écaille, d'ivoire, de buis fin, enfermés dans
des sacs de damas à houppes de soie cramoisie.
Un meuble de palissandre à ferrure dorée, capi-
tonné de satin blanc, servait à serrer tous ces
menus objets. Il y avait enfin pour la toilette deux
garnitures de rechange, l'une en point de Malines
et l'autre en point d'Angleterre.

L'argenterie du petit Prince, gravée des armes
du Roi avec la légende *Enfants de France*, était
des plus complètes. Son couvert était en or massif; les autres pièces à son usage, assiettes, bassins, écuelles, tasses fleurdelysées, en vermeil
d'un précieux travail. En vermeil aussi les flambeaux, le bougeoir et le porte-mouchettes. Tout
le reste : pots au lait à serrure, boîte à farine
fermant à clef, poêlon à bouillie, bassinoire ajou-
rée de fleurs de lys et jusqu'aux vases les plus
intimes, tout le reste était d'argent blanc.

Un nombreux domestique assurait le service.

Il comprenait, indépendamment de la remueuse, de la gouvernante des nourrices du corps et de la gouvernante des nourrices retenues, une première femme de chambre dame Martine Capet Thierry, neuf autres femmes de chambre, une blanchisseuse, une servante de cuisine, un valet et un garçon de chambre et un portefaix.

Ce personnel formait une des parties du petit monde que dirigeait souverainement la Gouvernante des Enfants de France.

Celle-ci qui avait sous ses ordres directs trois Sous-Gouvernantes, Mesdames de Launoy de Pencrek d'Haussy, Cook de Butler et Rugy de Saint-Sauveur, était alors Marie-Elisabeth de Rohan, duchesse de Tallard. Son père était Hercule Mériadec de Rohan, duc de Rohan-Rohan, Pair de France, prince de Soubise, Lieutenant-Général des Armées du Roi, Capitaine-Lieutenant des Gendarmes de la Garde de Sa Majesté et Gouverneur de Champagne et de Brie; sa mère était Anne-Geneviève de Levis-Ventadour. Elle avait épousé Marie-Joseph d'Hostun, duc d'Hostun, Pair de France, comte de Tallard, Chevalier des Ordres du Roi, Brigadier d'Infanterie, Gouverneur et Lieutenant-Général de Franche-Comté et Gouverneur Particulier des ville et citadelle de Briançon.

Tout naturellement en vue par sa naissance et par son rang, Madame de Tallard avait d'abord été nommée, en 1725, Dame du Palais de la Reine; puis, en 1729, Gouvernante des Enfants de France en survivance de son aïeule maternelle la duchesse de Ventadour, celle-là même qui avait élevé Louis XV. La démission de cette dernière l'avait, dès 1732, mise en possession effective de sa haute et importante charge.

Elle sut promptement y conquérir la confiance du Roi et la déférente estime de toute la Cour.

C'était une véritable grande dame, de très grand air, austère et aimable tout à la fois, sachant concilier les exigences du monde avec les pratiques d'une solide piété. Elle trouvait de l'attrait au jeu et aux veilles; elle en trouvait plus encore à la charité. Et si, dans l'administration de la Maison des Enfants de France, elle apportait une extrême fermeté, elle en tempérait la rigueur vis à vis des personnes placées sous ses ordres en employant tout son crédit en leur faveur.

Dévouée à ses amis comme à ses inférieurs, Madame de Tallard l'était, avant tout, aux Enfants Royaux dont elle avait la garde. Elle entendait que rien ne vînt entraver le bon ordre de leur service, et il lui arriva, pour en assurer le fonctionnement parfois compromis par les

retards des bureaux des Finances, de se mettre
personnellement à découvert de sommes consi-
dérables.

Un des talents les plus appréciés de la Gouvernante était de faire parler avec esprit ou éloquence,
selon les cas, et toujours avec une politesse prin-
cière les augustes pupilles dont elle était l'officiel
interprète. Les intentions qu'elle leur prêtait, les
réponses qu'elle faisait en leur nom, sans se départir jamais d'une distinction de grande allure,
étaient toujours empreintes d'un imperturbable à
propos et avaient parfois au Château un vrai succès d'originalité.

Elle avait de la sorte, peu de temps après la
naissance du duc d'Aquitaine, tiré d'un pas déli-
cat la dignité de la petite Madame alors âgée de
trois ans. Le comte d'Egmont, venant de perdre
son père et n'ayant pas encore paru à la Cour avec
la grandesse, faisait ses révérences en grand
manteau. Il se présenta chez Madame. Celle-ci,
s'avançant pour saluer, fut tout à coup prise de
terreur en apercevant le grand manteau et s'en-
fuit avec des cris aigus. Le prestige de la petite
Altesse, pour jeune qu'elle fût, était singulière-
ment compromis et sa tenue manquait inconte-
tablement de majesté. D'un mot, Madame de
Tallard rétablit la situation : « Vous voyez,

Monsieur, dit-elle au comte d'Egmont, combien Madame prend part à votre affliction. »

Telle était la femme supérieure qui surveillait la personne du duc d'Aquitaine, faisait régner le calme et l'ordre les plus parfaits dans son appartement et y présidait aux réceptions d'apparat des grands personnages. Elle y reçut, en diverses occasions, aux côtés du petit Prince, les Ambassadeurs du Roi d'Espagne, des Provinces-Unies, du Roi de Sardaigne, du Roi de Pologne Electeur de Saxe, le Ministre de l'Empereur, le Nonce du Pape, l'Envoyé du duc de Parme, les Députés de Hambourg. Un des premiers visiteurs était de plus haut rang encore, mais celui-là vint conduit par l'affection et non par l'étiquette : c'était le vieux Roi Stanislas.

Informé par l'envoi d'un Gentilhomme du Roi de la naissance de son arrière-petit-fils, l'excellent monarque avait au plus tôt quitté sa Lorraine; et le 19 Septembre, vers le soir, il arrivait de Lunéville et descendait dans la grande cour de Versailles, les Gardes Françaises et Suisses rangées en bataille et les tambours battant aux champs. Mais presqu'aussitôt, peu soucieux des honneurs royaux, il se dérobait à la Cour; et, pendant quinze jours, il vivait auprès des siens de la vie de famille, dînant chaque jour dans la chambre de la Reine sa fille et consacrant le plus clair de son temps à goûter chez ses arrière-petits-enfants les douces joies de l'aïeul.

Bientôt il regagna ses états ; et, dans l'appartement du duc d'Aquitaine livré aux femmes, il ne fut plus question que des menus incidents de la toilette et de la santé du royal poupon.

La Cour, si émue peu auparavant par la naissance du petit Prince, n'avait pas été longue, emportée par sa vie fébrile, à s'occuper de sujets plus actuels ; et, jusqu'à nouvel ordre, le second fils du Dauphin fût demeuré quasi dans l'oubli si toute une portion de la France, celle dont il portait le nom, ne fût restée les yeux fixés sur lui comme sur un futur protecteur.

L'ancienne Aquitaine comprenait alors un certain nombre de Généralités dont la plupart avaient à leur tête des administrateurs hors ligne, demeurés justement célèbres dans les pays qui bénéficièrent de leurs remarquables talents.

M. de la Bourdonnaye de Blossac était Intendant à Poitiers, M. d'Etigny à Auch, M. de Tourny à Bordeaux.

Quand le duc naquit, tous, comme leurs collègues des autres parties du Royaume, à l'envi *firent éclater leur zèle.* Tous prirent des mesures pour qu'aucune des villes de leur circonscription

n'omît une seule des cérémonies compatibles avec
l'état généralement précaire de son budget.
Chacun d'eux aussi fit de son mieux pour que
dans sa résidence les fêtes eussent un suffisant
éclat.

A Poitiers, M. de la Bourdonnaye fit tirer des
salves par le régiment du Roi et donna un magnifique souper de cent vingt couverts suivi d'un bal
qui dura toute la nuit. M. d'Etigny, à Auch,
déploya toutes les pompes en son pouvoir, reçut
de même les gens de marque et fit danser les
femmes de distinction. M. de Tourny, à Bordeaux,
fit ce que nul autre ne pouvait faire : il offrit une
porte au nouveau duc.

Louis Urbain Aubert, chevalier, marquis de
Tourny, baron de Selongay, seigneur de Pressaigny, Mercy, Lafalaise, Carcassonne, Lambroise,
Lourenil, Pierrefitte et autres lieux, Conseiller du
Roi en ses Conseils, Maître des Requêtes ordinaire de son Hôtel, Intendant de justice, police
et finances en la Généralité de Bordeaux, avait, à
cette époque, purement et simplement entrepris
de rebâtir selon ses idées la vieille capitale de
l'Aquitaine. Il l'avait trouvée dans ses langes du
Moyen-Age, sombre et tortueuse, embarrassée
des tronçons brisés de ses enceintes successives,
enchevêtrée dans le dédale de ses places et de ses

ruelles ; et il s'était donné la tâche d'y jeter à
flots l'air et la lumière et de la refaire jeune, régulière et élégante. Il poursuivait son entreprise
avec le goût et la ténacité qu'au même instant,
à l'autre bout de la France, le Roi Stanislas
déployait pour embellir Nancy.

Son plan était grandiose dans sa simplicité.

Du côté de la Garonne et dans toute la longueur
des quais, il avait revêtu Bordeaux d'une magnifique façade architecturale formée de construc-
tions uniformes. Du côté de la terre, il avait
entouré l'enceinte d'un boulevard planté d'arbres
sur lequel s'ouvraient les portes de la ville.
Devant chaque porte s'étendait ou devait s'éten-
dre une vaste place monumentale servant de
débouché au faubourg correspondant et lui per-
mettant d'apporter au cœur de la cité son contin-
gent d'affaires et d'animation. A l'intérieur même
des murs, de larges voies devaient successivement,
éventrant les vieux quartiers, relier en droite
ligne les points les plus éloignés.

Habile à saisir tous les moyens de pousser son
œuvre et d'en écarter les difficultés, désireux
aussi d'assurer sa faveur personnelle, M. de
Tourny avait imaginé d'associer en quelque sorte
la famille régnante au développement de ses
travaux et de se ménager ainsi des appuis en haut

lieu. Dans cet immense remuement de moellons il bâtissait à foison des places et des portes et, dès que l'occasion s'y prêtait, il en consacrait quelqu'une à un personnage royal. « L'amour des habitants pour la personne sacrée du Roi bienaimé secondait dans cette voie le zèle de l'Intendant, » écrivaient les Jurats de Bordeaux dans une requête contemporaine adressée à Versailles. Ainsi, au plus bel endroit du port, le Roi luimême avait la place Royale « où toutes les nations de la terre que le commerce y attirait en foule, admiraient dans la statue équestre de Sa Majesté les traits du vainqueur de Fontenoy et du pacificateur de l'Europe. » Le Dauphin avait la place Dauphine « place immense entourée de bâtiments réguliers. » Le petit duc de Bourgogne, indépendamment d'une place « presqu'aussi magnifique que la place Royale », était en outre titulaire d'un « arc de triomphe qui ne le cédait en rien à ce que Paris offrait de plus grand et de plus majestueux et qui tirait son principal relief de l'auguste nom qu'il avait reçu. »

Or, on ne pouvait, dans son duché même, faire moins pour le duc d'Aquitaine que pour son frère aîné.

A cet instant, précisément, la vieille porte Saint-Julien allait être démolie. On allait raser ses tours du Moyen-Age et le bastion plus moderne qui les encastrait à demi ; un portique à trois baies « d'une architecture pleine de grandeur et de noblesse » devait la remplacer, sur les plans de l'architecte Portier, et former le fond d'une place où, par une heureuse coïncidence, aboutissait la principale avenue par terre de l'ancien royaume d'Aquitaine.

La dédicace au jeune Prince de ces nouveaux ouvrages se trouvait donc indiquée et, sans même attendre la délivrance de la Dauphine, M. de Tourny, espérant bien que Dieu accorderait un garçon aux vœux de la France, M. de Tourny avait proposé sa porte.

L'enfant né, la réponse ne s'était pas fait attendre. Des lettres des Ministres Saint-Florentin et Machault félicitèrent l'Intendant « de son zèle prévoyant » et firent connaître que le Roi, dans sa bonté, agréait le projet de dédicace.

Celle-ci cependant ne fut effectuée que deux mois plus tard.

On l'ajourna, ainsi que les cérémonies religieuses prescrites à l'Archevêque, afin d'attendre que le Parlement de la Province fût rentré de ses vacances.

Les fêtes eurent lieu le Dimanche 18 Novembre 1753.

La veille, un huissier en robe, bonnet et collet se présentait en la Chambre du Conseil de la Jurade et l'invitait, au nom du Parlement, à assister au *Te Deum*. En même temps, sur les réquisitions de leur Procureur Syndic, les Maire, Sous-Maire, et Jurats Gouverneurs de Bordeaux faisaient lire, publier et afficher à son de trompe une proclamation convoquant pour le lendemain les troupes bourgeoises et ordonnant une illumination générale de la ville et de la rade, à peine pour les contrevenants de cinq cent livres d'amende et de privation de bourgeoisie.

Le 18, la grosse cloche de la Ville lançait à pleine volée ses appels bien connus des Bordelais. La population, pimpante en ses plus beaux habits, fourmillait dans les rues, s'empressait autour des Corps et des Compagnies qui, de leurs hôtels et de leurs palais, se rendaient à la Cathédrale et s'efforçait d'y pénétrer à leur suite.

A trois heures de l'après-midi, dans l'Eglise Métropolitaine, toute pleine d'harmonie, de lumière et d'encens, se trouvait réuni tout ce qui marquait à Bordeaux : le Parlement, la Cour des Aides en robes rouges, l'Intendant, les Trésoriers de France et les Secrétaires du Roi, la Noblesse, les Commandants des trois forts et les Officiers de la garnison en grand uniforme, les Juges Consuls,

les Avocats, les Notables Bourgeois ayant passé
par les charges et les Religieux de tous ordres.
Devant l'imposante assemblée l'Archevêque, offi-
ciant pontificalement, chanta le *Te Deum*. Quand
il eut terminé les versets sacrés, au dehors le
canon tonna, les trompettes de la Ville sonnèrent
et un immense cri de « Vive le Roi » fit résonner
ces antiques murailles qui, pour la première fois
depuis des siècles, venaient d'entendre prier pour
un duc d'Aquitaine.

Restait à procéder à la cérémonie qui sollicitait
le plus la curiosité populaire : la pose de la première pierre des monuments qu'on allait dédier au
Prince.

Les Jurats s'efforcèrent de l'entourer de toute
la solennité possible.

Rentrés de Saint-André à la Maison Commune,
ils envoyèrent à M. de Tourny une escorte
d'honneur composée d'un Chevalier du Guet et
de six soldats, et, à son arrivée, le reçurent avec
la plus stricte étiquette dans la Chambre du
Conclave.

Puis le cortège municipal se forma, sortit de
l'Hôtel-de-Ville par la porte Royale et se dirigea
en pompe vers la place Saint-Julien.

Escortés de la compagnie du Guet en chapeaux
bordés, revêtus de leurs robes de cérémonie en

satin cramoisi et blanc, les Jurats s'avançaient, ayant à leur tête l'Intendant placé entre deux des leurs, MM. de Galatheau et Raynal. Devant eux, avec les Sergents en manteau de livrée, marchaient tous leurs Officiers, le Massier avec sa masse d'argent, le Fourrier, l'Huissier en robe et bonnet, et le Héraut d'Armes en casaque de velours cramoisi brodée de fleurs de lys d'or. La « symphonie » et les trompettes d'argent de la Ville, ornées de leurs étendarts annonçaient l'approche du cortège.

Les six régiments de la Garde Bourgeoise étaient sur pied, drapeaux déployés ; les Officiers magnifiquement vêtus, en cocarde blanche, et les huit Aides-Majors en plumet. Une partie de ces troupes faisait la haie le long du parcours : cours des Fossés, rues Bouhaut et Saint-Julien ; l'autre attendait rangée en bataille sur la place Saint-Julien dont une foule énorme encombrait les abords.

La pierre fondamentale des nouvelles porte et place était préparée et creusée d'une cavité destinée à recevoir les médailles commémoratives qui devaient être frappées pour témoigner aux générations futures « de l'amour, du respect et de la soumission des habitants pour le Roi, pour Monseigneur le Dauphin et pour toute la Famille Royale. »

Le moment était arrivé où ces lieux allaient changer leur nom si longtemps respecté pour celui plein d'espérances du petit-fils de Louis XV.

Les batteries de la Ville firent feu de toutes pièces[1]. L'artillerie des navires en rade, la mousqueterie de la Garde Bourgeoise répondirent; les tambours, les fifres retentirent joyeusement et des acclamations répétées remplirent les airs ; tandis que M. de Tourny et, après lui, le Sous-Maire et chacun des Membres du Corps de Ville à son rang, mettait un peu de mortier et donnait un coup de marteau sur l'énorme pierre.

Un procès verbal du fait était ensuite dressé dans une maison voisine disposée à l'avance et constatait que la porte et la place d'Aquitaine venaient de naître au soleil de Bordeaux.

Les premières ombres du soir virent l'embrasement du feu de joie dressé sur la place Saint Eliége. Après que les Magistrats Municipaux eurent fait deux ou trois fois le tour du bûcher, le Jurat de Galatheau y mit le feu, le premier, avec un flambeau de cire blanche garni d'une poignée de velours cramoisi bordée d'une crépine d'or.

---

[1] Bordeaux mettait alors en batterie, en de telles circonstances, vingt-deux pièces de canon du calibre de quatre livres de balle, qui étaient conduites par des bœufs aux lieux où l'on tirait les salves.

Ce fut le signal des illuminations. En quelques instants le vieil Hôtel de Ville parut magnifiquement éclairé ; toute la cité se constella de lumières et, durant la nuit, des gerbes de fusées ne cessèrent de rayer le ciel de leurs étoiles multicolores.

Les Bordelais, en général, trouvèrent les fêtes fort à leur gré, mais aucun ne les goûta plus que les Membres du Corps de Ville. Chacun d'eux, en effet, outre qu'il prit sa part dans la joie commune, reçut, selon la coutume en pareille occurrence, des « honorifiques » en sucre, confitures, bougies, café et vin, montant à 246 livres 5 sous ; plus deux robes de livrée ou plutôt leur valeur, soit 800 livres. L'usage, à vrai dire, pour la célébration de la naissance d'un Fils de France ne leur attribuait qu'une robe ; mais ils avaient judicieusement fait remarquer, quand était né le duc de Bourgogne, qu'il y avait eu *Te Deum* d'abord, dédicace de porte ensuite : soit deux cérémonies au lieu d'une qui était de coutume, et, partant, droit à deux robes. En vain l'Intendant avait-il tenté par son exemple personnel de les pousser au désintéressement ; en vain avait-il porté la question jusqu'aux Ministres : ses protestations n'avaient pas trouvé le moindre écho chez les intéressés, pas davantage au ministère ; et le Roi même avait refusé de rien réduire aux prétentions

des Magistrats Municipaux. Ceux-ci, satisfaits du
côté des « honorifiques », n'étaient point cependant au terme de leurs désirs; et, deux jours après
la dédicace, ils écrivaient au comte de Saint-
Florentin pour le supplier de récompenser la ville,
conformément aux précédents, en accordant la
noblesse à ceux d'entre eux qui ne la possédaient
pas encore.

Il semblait que les réjouissances de Bordeaux
eussent marqué le terme de celles que l'Aquitaine
pouvait célébrer en l'honneur de son duc. Il était
réservé aux Jésuites de la région d'en organiser
de nouvelles et d'un caractère tout différent.

A cette époque, la vie provinciale, étouffée par
l'excès de la centralisation administrative, s'était en
quelque sorte réfugiée dans les manifestations
littéraires. Jamais les Académies locales n'avaient
été plus florissantes, jamais elles n'avaient compté
de membres plus marquants, produit et encouragé
de travaux plus divers. Les Jésuites, presque
partout à la tête de l'enseignement, riches en
hommes érudits, n'avaient eu garde de se tenir à
l'écart de ce mouvement intellectuel. Tant dans
l'intérêt de leurs établissements d'instruction que
dans celui de l'influence de leur ordre, ils entouraient d'un apparat spécial toutes leurs cérémonies
scolaires. La soutenance d'une thèse était un acte

solennel qui réunissait les notables d'une ville, et les manifestations de la vie universitaire prenaient les proportions d'un événement local.

Les Pères, si attachés au Dauphin et qui voyaient pour l'avenir dans le duc d'Aquitaine un disciple et peut-être un roi, les Pères ne pouvaient manquer d'associer leurs colléges aux manifestations dont le petit Prince était l'objet.

Ils en trouvèrent l'occasion naturelle lors de la fête d'un des leurs, saint François-Xavier, le patron du duc.

Cette fête et son octave se célèbrent en Décembre; et ce mois vit les colléges d'Auch, de Poitiers, de Bordeaux tout couverts d'emblêmes et d'inscriptions, ornés de tapisseries et de guirlandes, garnis, le soir, de lampions et de pots à feu, réunir dans leur enceinte le clergé, la magistrature et la noblesse de chaque cité.

A Auch, après une messe en musique, le Père Prévost, Professeur de Rhétorique prononça, devant l'Archevêque, l'Intendant et les Notables, un discours latin fort éloquent sur la joie que tous les peuples de l'Aquitaine ressentaient du choix que le Roi avait fait du nom de leur pays pour le donner à un Fils de France. Puis les Pères Pons et Gaillard, Professeurs de Troisième et d'Humanités, récitèrent chacun un poème sur le sujet de la fête.

A Poitiers, le Père Kelly eut un vrai succès oratoire ; on applaudit surtout à l'ingénieuse division de sa harangue. « *Aquitaniam quam decet Dux Regius ! Ducem Regium quam decet Aquitania !* »

Le Père Cramouzaud fut aussi fort goûté à Bordeaux. Mais le collége de cette ville se distingua surtout par la réussite de ses tableaux symboliques et la variété de ses poésies. Odes, stances, épigrammes, élégies, vers français, latins, anglais, grecs et même gascons, épuisèrent tous les rythmes de la métrique et toutes les formes de la louange. Leur recueil, monument de l'ingéniosité poétique des Pères, fut jugé digne de l'impression. Il parut chez Lacornée, imprimeur du Parlement, avec une dédicace enthousiaste adressée au Dauphin, et dans laquelle le Père Sauret, l'un des principaux poètes, emporté par Pégase, considérait simplement l'agrément du Prince comme la garantie d'une gloire immortelle.

La gloire du Père Sauret n'avait certes point eu le temps de prendre son essor, et ses strophes étaient encore loin de disputer aux chansons de la nourrice le privilége d'endormir le duc d'Aquitaine, lorsque de graves événements vinrent porter le trouble dans la maison des Enfants de France.

Jusqu'à la fin de 1753, celle-ci avait joui d'un calme profond, et rien n'était venu troubler sa quiétude de gynécée.

L'année 1754 devait lui être néfaste, et les malheurs allaient s'y succéder.

Dès le 4 Janvier, après une assez courte maladie, et malgré les remèdes de M. André le philosophe, la duchesse de Tallard mourut.

Sa fin fut digne de sa vie. Son courage, sa résignation, sa piété ne se démentirent pas un instant ; et, dans sa sollicitude pour ses inférieurs, elle se préoccupait encore, au milieu des souffrances dernières, de faire rappeler au Roi les étrennes qu'il avait accoutumé de donner aux nourrices de ses petits-enfants.

Elle expira regrettée de tous. Mais sa charge ne demeura pas longtemps vacante. Elle fut presqu'immédiatement donnée à la comtesse de Marsan, née Marie-Louise de Rohan-Soubise et veuve, depuis dix ans, de Gaston de Lorraine.

Le 9 Janvier, la nouvelle Gouvernante des Enfants de France prêtait serment entre les mains du Roi, dans son Cabinet ; et, de là, accompagnée de toutes ses parentes, de Mesdames la princesse de Rohan douairière, de Turenne, la chanoinesse de Marsan, de Rohan-Soubise, d'autres encore des plus qualifiées, elle se rendait chez la Reine pour lui présenter ses remerciements et chez les Membres de la Famille Royale pour leur faire ses révérences.

Ce n'était pas sans peine, si haute que fût sa dignité nouvelle que Madame de Marsan aliénait sa liberté. Ses goûts l'eussent portée à jouir en paix de ses très gros revenus ; mais elle avait dû céder aux ambitions de sa famille et aussi à la crainte où elle était de perdre un procès énorme engagé contre l'Empereur et d'où dépendait une partie de sa fortune.

Elle prenait possession du petit royaume de Madame de Tallard sans avoir ni son expérience, ni son habileté. Or, il fallait, avec de la fermeté, une excessive souplesse de main pour gouverner une parcelle quelconque de ce monde de Versailles si chatouilleux à l'encontre des entreprises, si pointilleux sur ses priviléges et si énergique à les défendre. Du plus grand au plus petit, chacun, disposé à empiéter sur autrui, était jaloux à l'excès de ses moindres prérogatives, n'entendait rendre strictement que le dû ; et, lorsque la prétention la plus légère était en jeu, lorsque le droit le plus minime était menacé, une vétille, en apparence insignifiante, devenait vite une affaire d'Etat.

Madame de Marsan ne tarda point à s'en apercevoir.

Entrée en fonctions le 20 Janvier, elle se trouva immédiatement en conflit avec les Gardes du Corps.

Ceux-ci fournissaient un Exempt pour la garde des Enfants de France. Cet officier recevait l'ordre de la Gouvernante jusqu'à ce que l'aîné des Enfants fût en état de le donner lui-même; néanmoins, l'ordre étant donné en son nom, devait être pris dans sa propre chambre. La feue duchesse de Tallard avait avec les Officiers des Gardes les rapports les plus bienveillants; elle les recevait, surtout ceux qui étaient de service, continuellement à souper. Aussi, reconnaissants d'un tel accueil et mûs par un sentiment de déférence courtoise, en étaient-ils arrivés peu à peu à se départir de leur droit et à prendre l'ordre chez la Gouvernante. Mais le jour même où Madame de Marsan entra en exercice, ils voulurent en revenir à la stricte exécution de la règle. L'Exempt de garde était M. Cassini. A l'heure dite, au lieu de se rendre chez la comtesse, il l'attendit dans l'appartement du duc de Bourgogne. Forte des précédents de Madame de Tallard, la nouvelle Gouvernante, voyant là une entreprise contre les prérogatives de sa charge, crut devoir adresser des observations à l'officier. Celui-ci répondit en s'excusant sur sa mauvaise santé, mais en référa au duc d'Ayen, son capitaine. Madame de Marsan, de son côté, en écrivit à son frère M. de Soubise. La question fut portée au Roi qui la trancha en faveur des Gardes. La Gouvernante, en conséquence, dût donner l'ordre chez le duc de Bourgogne ; mais, par une petite vengeance féminine, elle substitua, pour ce faire, à l'heure de deux heures de l'après-midi celle moins agréable de neuf heures du matin, arguant de ce que cette dernière semblait plus commode à Monseigneur !

L'affaire avait paru grosse et fait du bruit à la Cour. Si elle avait causé de réelles préoccupations à Madame de Marsan, celle-ci était au moment d'en subir de plus sérieuses et de plus poignantes, et de passer par les plus dures épreuves que pût lui réserver sa charge.

La santé du duc d'Aquitaine, au milieu de soins dévoués, mais trop divisés pour être parfaits, avait néanmoins été excellente durant tout le cours de Janvier. Peu après le commencement de Février, sous l'influence de la dentition, elle parut s'altérer, donna quelques inquiétudes ; puis, rapidement, déclina et bientôt apparut compromise de la façon la plus grave. Trop de dents cherchaient à percer à la fois.

Or, par une coïncidence assez singulière, quelques jours auparavant, le sieur Leclerc, chirurgien dentiste du Roi de Pologne, Duc de Lorraine et de Bar, avait présenté au Dauphin et à la Dauphine un livre de sa composition sur l'Odontalgie, comprenant « la Méthode de remédier aux douleurs et accidents qui précèdent et accompagnent les premières dents. » Mais cette fois encore, malheureusement, la pratique ne fut point à la hauteur de la théorie ; car, malgré tous les efforts des médecins, l'état du petit duc continua d'empirer.

Le 20, entre deux de ses perpétuelles courses à Choisy et à Bellevue, le Roi vint le voir.

Le 21, il était très mal. Le Dauphin et la Dauphine ne furent point à la Comédie ; de toute la Famille Royale Mesdames seules y parurent. La Reine demeura chez sa belle-fille. Il fallut perdre l'espoir ; et, le Prince n'ayant été qu'ondoyé à sa naissance, étant par conséquent légalement sans nom, on vit qu'il y avait lieu de hâter le baptême. Le Cardinal de Soubise y procéda séance tenante. Le Maréchal de la Mothe-Houdancourt, Chevalier d'Honneur de la Reine et Madame de Marsan, tenaient l'enfant sur les fonds. Il fut, selon la volonté du Dauphin, nommé Xavier-Marie-Joseph.

Le lendemain, Vendredi 22 Février, les convulsions redoublèrent de violence ; le pauvre petit, épuisé, n'y put résister et succomba vers midi.

Il était âgé de cinq mois et quatorze jours.

Le soir même on dut l'emporter aux Tuileries. Les morts ne séjournaient pas dans le château de Versailles.

A sept heures, le corps accompagné par Madame de Marsan et par Madame de Butler, l'une des Sous-Gouvernantes, fut descendu par l'escalier du Grand-Commun. Le Prince, ayant moins de sept ans, les Huissiers de la Chambre, malgré les prétentions des Gardes du Corps, avaient obtenu l'honneur de le porter.

Au dehors, dans la nuit glaciale, stationnait un carrosse du Roi où fut placé l'enfant et où montèrent les deux dames, le Curé de Versailles et un Aumônier. Lentement, il se mit en marche, entouré de pages et de gens de livrée de la Petite Ecurie, escorté de Gardes du Corps et suivi de deux voitures de service contenant les femmes et les valets de chambre.

A la lueur des torches, le cortége traversa ces abords du Palais si gais le jour de la naissance du Prince, en ce moment sombres et déserts; s'engagea dans la grande avenue qui fait face au Château et bientôt se perdit dans les lointains de la route.

A neuf heures on arrivait aux Tuileries.

Les Invalides qui, d'ordinaire, en occupaient

les postes, avaient été relevés. Les Gardes Françaises et Suisses, les Gardes de la Prévôté de
l'Hôtel, les Cent-Suisses, les Gardes de la Porte
avaient fourni des détachements pour les remplacer.

Au bas de l'escalier du vestibule attendaient le
Curé de Saint-Germain-l'Auxerrois et tout son
clergé.

Le duc, transporté dans le lit préparé pour le
recevoir, fut veillé, la nuit durant, par quatre
prêtres de la Paroisse, quatre Feuillans et quatre
personnes de son service.

Le 23, dès le matin, le peintre de Latinville
vint faire son portrait; et, dans la journée, les
premiers Médecins et Apothicaires du Roi procé-
dèrent à l'autopsie et à l'embaumement. Le cœur
fut enfermé dans un cœur en vermeil armorié et
surmonté d'une couronne.

Le 24, de huit heures à midi, on célébra des
messes dans la Chapelle du Château et, par deux
fois, avant le soir, le public fut admis à défiler
devant le Prince défunt, exposé en grand apparat.

Les funérailles eurent lieu le jour suivant,
Lundi Gras, 25 Février.

Le prince de Condé avait été désigné par le
Roi pour accompagner le corps à Saint-Denis et
le cœur au Val-de-Grâce. Il était assisté du duc
de Crussol.

Le Cardinal de Soubise présidait aux cérémonies religieuses.

Un détachement général de la Maison du Roi-
Cavalerie fournissait l'escorte sous les ordres
supérieurs de M. de Calvières, Lieutenant des
Gardes du Corps.

A trois heures, la pompe funèbre quitta les
Tuileries, prenant la direction de Saint-Denis. On
voulait être hors de Paris avant l'ouverture des
spectacles.

Le convoi, dont les mille flambeaux pâlissaient
dans la lumière diffuse d'une journée d'hiver, em-
pruntait un caractère imposant au luxe et au
nombre des carrosses drapés, à la richesse sévère
des emblêmes de deuil et à l'éclat des uniformes.
Les chapes de velours des ecclésiastiques, les
voiles et les mantes des femmes, les écharpes et
les longs manteaux des gentilshommes, l'hermine,
les crêpes, les moires d'argent faisaient valoir par
le contraste les habits bleus galonnés d'argent des
Gardes du Corps et les habits rouges de la Maison
du Roi. Ces splendides cavaliers : Mousquetaires,
Chevau-Légers et Gendarmes portaient tous des
torches. Seuls, les Gardes avaient refusé d'en
prendre, se targuant du privilége de sortir les
Enfants de France de Paris, l'épée au clair.

Le cortége s'avançait dans l'ordre suivant :

Le Guet à cheval ;

Les carrosses des Gentilshommes du duc de Crussol, des Écuyers de Madame de Marsan, des Aumôniers du Cardinal de Soubise et des Écuyers du prince de Condé ;

Trois carrosses du Roi avec le Service du duc d'Aquitaine et les huit Gentilshommes Ordinaires chargés de porter le Corps à la descente et de tenir les coins du poêle ;

Les Mousquetaires noirs, les Mousquetaires gris, les Chevau-Légers, par pelotons ;

Sur deux files, les Pages de la Dauphine, de la Reine, de la Petite et de la Grande Écurie ;

Les Officiers des Cérémonies à cheval ;

Le carrosse du Corps, qu'entouraient trente Valets de pied du Roi, des flambeaux à la main ; et où se trouvaient assis : au fond, à droite, le Cardinal de Soubise, portant le cœur du petit duc ; à gauche, le prince de Condé ; en face, Madame de Marsan et le duc de Crussol ; aux portières, Madame de Butler et l'Abbé de Lascaris ;

Derrière ce carrosse, les Officiers des Gardes du Corps ;

Les Gardes du Corps ;

Les Gendarmes ;

Enfin les carrosses des hauts personnages participant aux obsèques.

A sept heures le cortége parvint à Saint-Denis.
Le Cardinal de Soubise présenta au Prieur de
l'Abbaye, la dépouille mortelle du feu Prince, et
l'on fit l'inhumation avec les cérémonies accoutumées.

Le cœur fut ensuite porté dans le même ordre
au Val-de-Grâce.

Et tout fut fini.

Ainsi disparut Xavier-Marie-Joseph de France,
le dernier duc d'Aquitaine. Il succomba, le pauvre
petit, comme écrasé sous son grand nom ; et,
prématurément, rejoignit dans l'éternité ses terri-
bles ancêtres, de légendaire mémoire, les Hunald
et les Gaïfer. Mais ceux-ci, morts, avaient grandi
dans l'épopée ; celui-là s'effaça dans l'immédiat
oubli.

On avait à sa naissance, comme à celle de
Marcellus, signalé des météores. En son honneur
on avait tiré le canon, brûlé l'encens, illuminé la
France. Pour lui, on avait épuisé par avance les
hyperboles de la flatterie : on lui avait prédit la
force d'Hercule, la gloire de Mars, les charmes de
l'Amour. Quelques heures, une larme à peine, et
l'on n'y songea plus.

Vu son bas âge la Cour ne prit point le deuil.

Sa mort gêna un peu les plaisirs de Versailles.
Pendant quatre jours il n'y eut ni musique, ni

comédie, ni jeu. Mais, le 26, la Reine reprit son
cavagnole.

Les théâtres à Paris ne furent point inter-
rompus. Le carnaval y fut plus gai, les lieux de
plaisir plus animés que jamais.

Le Prince de Condé qui, le Lundi, conduisait
les obsèques, s'ébattait, le Mardi, au bal de
l'Opéra.

L'Aquitaine, si vite enthousiasmée de son duc,
vit ce beau feu s'éteindre plus rapidement encore.
Bordeaux, qui avait acclamé sa naissance, perdit
sa mémoire bien avant que ne fût achevée la porte
qui avait pris son nom.

Ce monument même n'avait guère poussé hors
de terre ses premières assises que M. de Tourny,
toujours prévoyant, se préoccupait de faire agréer
en haut lieu la dédicace d'une autre porte et d'une
autre place au nouvel enfant qu'au décès du précé-
dent, la Dauphine portait déjà dans son sein.

Cet enfant vint au monde le Vendredi 23 Août
1754, six mois après la mort de Xavier de France
dont on avait conservé pour lui le service et les
meubles.

Il fut nommé Louis-Auguste et titré duc de
Berry.

Bientôt, comme s'effaçant devant le nouveau
venu afin de lui laisser libre accès au trône, le duc

de Bourgogne rejoignit au tombeau son cadet d'Aquitaine.

Moins heureux que ses frères le duc de Berry vécut et devint roi.

Ce fut Louis XVI.

VERS

DES JESUITES DE BORDEAUX

SUR LA NAISSANCE

DU DUC D'AQUITAINE

ᴄ

VERS

SUR LA NAISSANCE

DE MONSEIGNEUR

LE DUC D'AQUITAINE

Célébrée dans le College des Jesuites de Bordeaux
le 6. Décembre 1753.

Dii tibi dent annos, à te nam Cœtera fumes.

Ovid. ad Germ.

A BORDEAUX

Chez J.-B. LACORNE'E, Imprimeur de la Cour
de Parlement ruë St. Jâmes, vis-à-vis ruë
de Gourgue.

M. DCC. LIII.

AVEC PERMISSION

A MONSEIGNEUR

LE DAUPHIN

PRINCE, l'amour de l'Univers,
Et les délices de la France,
J'ose vous présenter ces Vers,
Dictés par le respect & la reconnoissance.
Si nous sommes assez heureux,
Pour vous faire agréer l'ardeur de notre
                    [*zèle,*
Je suis au comble de mes vœux,
Et nôtre gloire est immortelle.

SAURET J.

TABLE

DES PIECES

Contenuës dans ce Recueil.

Icones Symbolicæ.
Vers Grecs [1]
Traduction.
Vers Gafcons.

FIN DE LA TABLE

[1] *Ces vers ne figurent point dans le recueil tel qu'il eft imprimé chez Lacorne'e, faute sans doute de caractères spéciaux dans l'imprimerie de celui-ci.* (N. de l'Ed.)

A MONSEIGNEUR

LE DUC D'AQUITAINE

D IGNE objet de nos loüanges,
  Au milieu de nos transports,
Echapés-vous de vos langes,
Venés, volés sur ces bords.

Cette cité si connüe
Va s'offrir à vos regards,
Non pas telle qu'on l'a vûë,
Sous la loi des Léopards :

Mais cent fois plus embellie,
Qu'au tems des Rois d'Albion,
Et de merveilles remplie,
Par les soins d'un Amphion.

Dans cet auguste Apanage,
Le plus beau de l'Univers,
Vous recevrez un Hommage,
De mille Peuples divers.

L'Habitant de l'Amérique,
Pour se montrer à vos yeux,
Franchit déjà le Tropique,
Et s'avance vers ces lieux.

Dans la publique allegresse,
Vous y verrez le Germain,
Héritier de la sagesse,
Et des vertus du Romain,

Le Batave infatigable,
L'Industrieux Dantzicquois,
L'Anglois, rival redoutable,
Le Vandale [1], et le Danois.

Quelle douceur à votre âge,
Quand chacun, à vos genoux,
Vous dira dans son langage,
Qu'il fait mille vœux pour vous!

Mais quels charmes! quel spectacle!
Pour tout le peuple Aquitain,
De posseder sans obstacle
L'arbitre de son destin!

Ah! cher Prince, que de Fêtes
Vont embellir ce séjour!
Que de Brillantes conquêtes,
Vous y prépare l'amour!

[1] Suedois.

Sur les ondes fugitives,
Vous verrez ce peuple heureux
Faire retentir nos rives,
De ses chants harmonieux.

Dévelopant sa grande Ame,
Vous le verrez, plein d'honneur,
En caractere de flamme,
Eterniser son bonheur.

Digne objet de nos loüanges,
Au milieu de ces transports,
Echappés-vous de vos langes,
Venés, volés sur nos bords.

Sauret J.

ODE SUR LA NAISSANCE

DE MONSEIGNEUR

LE DUC D'AQUITAINE

O UVREZ vos cœurs à l'allegresse,
Cedés aux charmes des plaisirs,
Celebrés l'auguste Princesse,
Qui met le comble à nos désirs.
Peuple François, que tout réponde
A des projets si généreux :

Le present qu'elle fait au monde
Ne tend qu'à faire des heureux.

Le Ciel ne veut plus de victimes,
Et nos forfaits sont effacés :
Les Dieux ont oublié nos crimes,
Oublions nos malheurs passés.
Ainsi le maître du Tonnerre,
Clement jusques dans ses fureurs,
Annonce souvent à la terre
Les plus grands biens par des rigueurs.

La paix habite en cet asyle,
L'abondance a suivi ses pas.
Tout annonce un Régne tranquille,
Plus d'ennemis, plus de combats,
Ce tendre Enfant, nouvel Alcide
Bannit pour toujours aux enfers
Les noirs complots, troupe homicide,
Et la discorde est dans les fers.

Que l'air de nos voix retentisse,
Répondés, échos d'alentour,
Feux, préparés par l'artifice,
Egalés ceux du Dieu du jour !
Et vous, ô divine Harmonie !
Peignés par vos touchans accords,
De nos sentimens l'énergie,
Et leur tendresse, et leurs transports.

Quelles éclatantes merveilles,
S'offrent à mes yeux éblouis ?
Le Ciel de faveurs nonpareilles
Comble le règne de Louis.
Cĕs faveurs fixent mon hommage,
Et rien ne peut le limiter ;
Mais j'admire encore davantage
Un Roi qui sçait les mériter.

Vous Dieux, auteurs de nôtre joye,
Sur le plus cheri des enfans,
Versés vos biens, faites qu'il voye
Des jours heureux et triomphans ;
Ne bornés pas vôtre largesse,
A ne nous donner qu'un Hector ;
Qu'il ait sur tout, et la sagesse,
Et tous les lustres de Nestor.

N. J.

ODE

SUR LE MÊME SUJET

Venez Nymphes de la Garonne,
Sortez de l'humide séjour
A la Cour du fils de Latonne,
Venez signaler votre amour.

En quittant la plaine liquide,
Suspendez la course rapide
De ce fleuve tumultueux,
Qui pour la richesse du monde,
Dans le sein d'une mer profonde
Roule ses flots impétueux.

Vous qui régnez dans nos campagnes,
Zéphirs, retenez votre voix.
Ecoutez, Echos des montagnes ;
Taisez-vous, hôtes de nos bois :
Respectez par votre silence
La voix du Dieu dont la puissance
Vient s'emparer de tous mes sens,
C'est le Dieu de la double cîme,
Je sens son souffle qui m'anime ;
N'interrompez pas mes accens.

Heureux peuples de l'Aquitaine,
Reconnoissez le don des Cieux ;
Pour vous de la race d'Alcmene,
Naît un Enfant cheri des Dieux,
S'il vient être l'apui du Throne,
L'espérance de la Couronne ,
Et les délices des Français,
Par son nom, et son appanage,
Il vient vous apporter le gage
Et de la gloire et de la paix.

A vos vœux, à ceux de la Terre,
Le Ciel accorde ces Héros ;
S'il l'arme jamais du Tonnerre,
Ce sera pour votre repos.
Peuples vous vivrez sans allarmes.
Mars lui presente en vain ses armes ;
Il dédaigne un sanglant laurier.
Minerve elle seule l'attire ;
Voyez-le avec un doux sourire,
Prendre de sa main l'olivier.

Cerés rendra nos champs fertiles ;
Bacchus prodiguera ses dons :
Sous nos Vaisseaux les mers dociles
Respecteront leurs pavillons.
L'équité, l'aimable innocence,
Reviendront bannir la licence,
Et faire régner les vertus.
Nous touchons aux beaux jours d'Astrée,
Nous verrons l'empire de Rhée,
Ou le tems heureux de Titus.

O vous, Parques inexorables,
Arbitres du sort des humains,
Divinités impitoyables,
Suspendez vos coups inhumains.
Ne faites pas couler nos larmes ;
Bannissez jusqu'à nos allarmes.

6.

Et pour l'honneur de vos Autels,
En conservant deux tendres Princes,
L'espérance de nos Provinces,
Méritez l'amour des mortels.

Je ne vois d'égal à ta gloire,
Grand Roi, que ta postérité;
Les hauts faits forment ton histoire,
Les Héros, ta prospérité.
Heureux est le peuple fidele,
Dont tu récompenses le zèle,
Et l'attachement à tes loix.
Par le plus éclatant hommage,
Il celebrera d'âge en âge,
Ta valeur, ton nom, tes exploits.

Ce bronze, qui sur notre place
Peint la majesté de tes traits,
Aux yeux de l'univers retrace
Et notre amour et tes bienfaits,
Là, comme le maître du monde,
Tu domines la Terre et l'Onde :
Là tu parois dans ta splendeur.
Ton attitude douce et fiere
A tes sujets annonce un pere,
A tes ennemis leur vainqueur.

Bordeaux superbe capitale,
Digne rivale de Paris,

Que ta reconnoissance égale,
S'il se peut, l'amour de Louis.
Immortalise la mémoire,
D'un jour pour toi si plein de gloire ;
Et que l'on publie en tous lieux
Avec quelle magnificence
Tu sçais celebrer la Naissance
Du fils des Héros et des Dieux.

ROSE J.

ODE

SUR LE MÊME SUJET

CROISSEZ sous les plus doux auspices,
Auguste Enfant, par qui les Cieux
Se montrent à nos vœux propices,
Charmés et les cœurs et les yeux.
O Ciel ! que vous serez aimable,
Si l'on démêle dans vos traits,
De votre mere incomparable,
L'esprit, les talens, les attraits.

Mais pourroit-il manquer des charmes,
Fils d'un Héros, maître des Cœurs ?
Non : ses vertus seront ses armes,
Et leurs traits sont toujours vainqueurs.

L'Oiseau Ministre du Tonnerre,
Renaît tout entier dans l'aiglon,
Jamais il ne donne a la terre
D'enfans indignes de son nom.

Peuples heureux de la Garonne,
Reconnoissez votre bonheur :
Un Dieu... dans cet enfant vous donne
Près de son Thrône un protecteur.
Chantés, celebrés sa naissance ;
Quel sujet plus digne de vous ?
Cedés à la reconnoissance,
Votre sort fait mille jaloux.

Aux sons de sa voix enfantine,
Ris, accourés, formés sa Cour :
Dans son Berceau, troupe badine,
Etablissés votre séjour.
N'offrés qu'amusantes Images
A ses foibles et tendres sens,
S'il sourit à vos badinages
Redoublés vos jeux innocens.

Déjà près de lui Mars s'avance ;
Mais, ô prodige sans égal !
Au travers des traits de l'enfance,
Ce Dieu reconnoit son rival :
Il le reconnoit, il l'admire :
Sur la Terre, il croit être aux Cieux :

Erreur qu'autorise un empire
Toujours fécond en demi-Dieux.

Qu'heureux est ce Roi, dont le monde
Admira jadis les exploits,
Et dont la sagesse profonde
Doit servir de modelle aux Rois !
Une postérité nombreuse
Croîtra sous les yeux de Louis :
D'une vertu si généreuse,
Tel est, mortels, le digne prix.

N. J.

L'AMOUR AFFLIGÉ

ODE ANACREONTIQUE

L'AUTRE jour le Dieu de Cythere,
La larme à l'œil, plein de couroux,
Dans le Sein de Vénus sa mere
Epanchoit ses chagrins jaloux.

Hélas ! vous ne pourrez le croire
Lui disoit-il, du tendre amour
Un enfant éclipse la gloire,
Et lui ravit toute sa Cour.

Au premier bruit de sa naissance
Les Grâces, les Jeux et les Ris
Prirent la route de la France ;
Je ne les ai pas vûs depuis.

Des doux plaisirs l'essain folâtre
S'est fixé près de son Berceau ;
Tout, jusqu'aux vertus, idolâtre
Ce Duc d'Aquitaine nouveau.

Mais las ! Maman (de ma foiblesse
A vos yeux je ne rougis pas)
Ce qui sur tout m'aigrit, me blesse,
C'est qu'il a plus que moi d'appas.

Seche mon fils, seche tes larmes,
Lui dit Cypris en l'embrassant,
Ces doux appas dont tu t'allarmes,
Il ne les doit avoir qu'enfant.

Né pour remplir toute la terre
De la gloire de ses haut faits,
D'Achille ou du Dieu de la Guerre
Il aura le port et les traits.

CIBOT J.

STANCES IRREGULIERES

SUR LA NAISSANCE DE MONSEIGNEUR

LE DUC D'AQUITAINE

ELEVONS nos voix jusqu'aux Cieux,
Que tout annonce la Naissance
Du nouveau Prince que la France
Voit déjà briller à ses yeux.

Bordeaux pourrois-tu méconnoître
L'Auteur de ta Félicité !
L'Auguste Enfant qui vient de naître
Assure ta prospérité.

Tu vois à l'envi les deux mondes
Sans craindre les périls des mers,
Enrichir tes rives fécondes
Du tribut de tout l'univers.

Parmi nos plus belles Provinces,
De ton Roi fixant la faveur,
De donner ton nom à nos Princes,
Guienne tu méritas l'honneur :
Et cette illustre préference
Fut une juste récompense
De ton ardeur à le servir ;
Récompense à jamais durable

Qui rendra ton nom mémorable
A tous les siecles à venir.

Tes Peuples au sein de leurs Villes
Verront couler des jours tranquilles
Sous les lois du jeune Héros ;
Né pour d'heureuses destinées,
Ses vertus seront couronnées
Par des succès toujours nouveaux.

Puissent vos vertus toujours pures,
Présent du Ciel, enfant des Rois,
A toutes les races futures
Servir et d'exemple et de loix.

MAUGIN J.

LES DIEUX JALOUX

L'AQUITAINE vouloit un Maître,
Dit avec Majesté le souverain des Cieux :
C'est du sang des Bourbons que nous l'avons vû naître
Ce Sang le raproche des Dieux.
Que les jeux et les ris volent donc sur ses traces ;
Que sur lui Cupidon verse toutes ses graces ;
Et puisqu'il doit être un Héros,

Que Bellone l'instruise à manier les Armes ;
  Comme dans le sein du repos,
Je veux que de Minerve il ait aussi les charmes.
  Quoi ! repliquent les immortels,
Sur nous-mêmes faut-il lui donner la victoire ?
  Les Dieux sont jaloux de leur gloire,
  Ils sont jaloux de leurs Autels.
Eh bien ! puisque ce Prince excite votre envie,
  Reprend Jupiter en couroux ;
  Pour punir votre jalousie,
  Je n'aurai plus recours à vous.
A toutes les vertus, à toute la sagesse
Qu'il peut puiser auprès d'une grande Princesse,
De la mere ajoûtons les graces, la douceur :
  Et pour achever mon ouvrage,
Du pere et de Louis donnons-lui la valeur.
  Enfin que dans son apanage
Un peuple de Guerriers seconde son ardeur.
  Mortels, avec tant d'avantage,
Ne peut-il pas des Dieux dédaigner la faveur ?

      N. J.

A MONSEIGNEUR

LE DUC DE BOURGOGNE

CADDEDIS

SI vous ne vous donnez la peine
D'instruire de son sort le Prince nouveau-né ;
Sur le nom de Duc d'Aquitaine,
Caddedis, Monseigneur, il se croira l'aîné.

SAURET J.

L'AMOUR GASCON A VERSAILLES

LORSQUE la Déesse aux cent voix
Eut répandu dans la Province
La Naissance du jeune Prince,
Nouvel appui du Thrône de nos Rois,
Un peuple leger et volage
D'enfans ailés de Cupidon,
De Ris au rouge vermillon,
Et de jeux en habit de Page,
Partit pour aller rendre hommage

A ce précieux Rejetton.
L'Introducteur selon l'usage,
Ne fut point avec l'Escadron
Des Officiers de la maison,
Le chercher en grand équipages;
La Troupe arriva sans façon,
Surprit ou força le passage,
Et parvint au cher Nourisson.
Amours alors de faire l'étalage,
De ce qui peut égayer l'Enfançon.
Chacun voulut mériter son suffrage;
Un d'eux lui presente un Ponpon,
L'autre lui chante une chanson
Et lui répete en son langage,
Vivez, vivez Prince mignon,
Pour les délices de votre âge.
Mais entre tous l'Amour Gascon
Joüa le mieux son personnage,
Il étoit gentil, beau garçon,
Leste, enjoué : bref le fripon
Déjà tout fait au badinage
Fit rire l'aimable Poupon,
Qui demanda pour apanage
Les Provinces de son Canton.
Surpris de la distinction
Le Normand changea de visage :
Certain amour de haut parage,

Que je tais pour bonne raison,
En eut la rougeur sur le front :
Et se plaignit de l'avantage
D'un Provincial fanfaron
Sur les amours du voisinage.
Le drole les berna dit-on :
Et puis tournant sur le talon
Dit en riant de ce tapage,
Eh cadédis, croyoient-ils donc
Pouvoir ici me faire ombrage ?

BRETINEAU J.

SUR LE NOM DE DUC D'AQUITAINE

Donné au second Fils de Monseigneur le Dauphin

LE GASCON

EPIGRAMME

D'UN trait si brillant dans l'histoire,
Cessés, Peuples rivaux, de nous féliciter :
Après l'évenement qui nous comble de gloire,
De quoi pourrons-nous nous vanter.

SAURET J.

LES CADETS DE GASCOGNE

A Monsieur le Duc d'Aquitaine

EPITRE

DE l'aimable Duc de Bourgogne,
Prince, le cadet fortuné,
Tous les cadets de la Gascogne,
Puisque pour eux vous êtes né,
Vous proclament pour leur aîné.
Acceptés ce candide hommage
Qu'ils portent à votre berceau.
Quand vous serez dans un autre âge
Ils en offriront un plus beau.
Leurs talens divers, leur courage,
Leur adresse, leurs Caddedis
Comme à leur Duc vous sont acquis,
Leur tendre amour l'est davantage.
Mais Prince, il faut en faire usage
Pour en comprendre tout le prix.
De nous on voudra vous médire,
Mais nous sommes tous gens de bien,
Gardés vous donc de croire rien
Qui près de vous puisse nous nuire.

Déjà sur maint cadet Norman
L'on nous donne la preferance ;
Nous sommes tous montés d'un cran ;
On admire notre assurance,
Et nos discours trouvent créance,
Quand nous parlons de vous s'entend.
Morbleu que n'êtes vous né grand
Au lieu de passer par l'enfance !
Votre ame a pris déjà l'avance ;
Que le corps n'en fait-il autant ?
Pour peu que l'on parlât de guerre
Nous irions sous vos étendars
Jusques aux deux bouts de la terre
Braver tous les périls de Mars.
Ah Caddedis, notre Alexandre
Que ces projets sont grands et beaux !
Qu'il est triste qu'il faille attendre
Que vous sortiez de l'âge tendre
Pour être tout à fait Héros !
En attendant ces jours de gloire,
Amusés votre doux repos,
A vous faire conter l'histoire
De nos tours et de nos bons mots.

CIBOT J.

REFLEXION GASCONNE

C ADDEDIS, que de vers pour le Duc
[nouveau-né !

Depuis son heureuse naissance,
Toutes les Muses sont en danse ;
Jamais Duc ne fut plus prôné,
Pas même l'Héritier du Thrône.
D'où cela pourroit-il venir,
Ah ! je crois, Dieu me le pardonne,
Qu'on lit déjà dans l'avenir,
Que quand l'aîné portera la couronne,
L'autre sçaura la soutenir.

MARTIN J.

ON THE PUBLICK REJOYCINGS

FOR THE DUKE OF AQUITANIAS BIRTH

W hilst publick joy her glittering wing's displays
And *Aquitania* sees her brittest days ;
Whilst native pleasure glow's in ev'ry breast,
And ev'ry Patriot thinks his country blest ;
Whilst Blazing flames of artificial Fire
Bid earth and sky's our happyness admire,
Whilst, to compleat the feast, *Apollo* leaves

His *Pindus*, and glides down *Garumna's* waves;
Where softly tuning th'*Aquitanian* lyres
He to each Poet a new song inspires,
And wills that in each Idiom to them known
His and their love for *Bourbon's* race be shown;
Whilst then in soothing *French* and *Gascoon* chime
They strain their accents into gratefull rhime;
Shall I love's flashes smother in my heart,
And in thy gifts, *Apollo*, have no part?
No, said the God: down, down with ill-tim'd shame,
Tis glorious to attempt for *Bourbon's* fame,
Hib — a known in gallick wars and arms
Must show she is not senseless to my charms;
And with like Zeal for *Bourbon's* fame shoud write,
As in their cause her gen'rous warriors fight:
Nor fear, said, *Phœbus* with a gentle smile
To show love in *Bretish* tongue and Stile;
Since *Britain* once wore Aquitania's crown,
No *British* soul this tribut can disown;
And the young Prince, amidst his cradle's play
Will smile to see fierce *Bretain* own his sway.

IOS. IGN. HALLORAN OF THE S. OF J.

TRADUCTION DES VERS PRECEDENS
SUR LES RÉJOUISSANCES PUBLIQUES

POUR LA NAISSANCE DE
MONSEIGNEUR LE DUC D'AQUITAINE

TANDIS qu'au milieu de la publique allegres-se, l'Aquitaine jouït de ses plus beaux jours; que le plaisir ranime tous les cœurs sur ces rives fortunées; et que mille feux brillans, qui se jouent dans les airs, annoncent notre bonheur à la Terre et aux Cieux ; tandis que pour embellir nos Fêtes, le pere des muses quitte le Pinde, et vôle sur les bords de la Garonne, où montant sa Lyre sur un ton harmonieux, il inspire à chaque Poëte de nouveaux sons, et leur ordonne de publier dans toutes les langues, et en toutes sortes de vers, leur respect et leur tendresse pour la famille de Louis : Dieu du Parnasse, m'écriai-je, faut-il que je renonce à vos faveurs, et que j'étouffe dans mon cœur la noble ardeur qui m'enflamme ? Non ; dit ce Dieu : votre timidité seroit déplacée, et il est toujours beau de prendre l'essor, lorsqu'il s'agit de publier la gloire des Bourbons. L'Ir..., votre patrie, est une nation belliqueuse. Faites voir qu'elle n'est pas insensible aux charmes de la

Poësie; et que votre plume est conduite par le même zèle, qui dirige l'épée de tant de braves [1]. Et ne craignez pas, ajoûta-t'il, avec un doux sourire, d'employer une Langue étrangère pour exprimer vos sentimens ; puisque les rivages de l'Aquitaine ont retenti autrefois de ces sons énergiques, il n'est point d'Anglois qui ne doive un tribut de louanges à l'Auguste Enfant qui vient de naître. Eh ! quelle joye pour le Prince lui-même, de voir les Muses de l'Angleterre rendre hommage à son Berceau.

SAURET J.

GRATULATIO AQUITANIÆ

Quod jubente Ludovico XV. Alter Delphini filius

AB AQUITANIA NOMEN ACCEPERIT.

ELEGIA.

Ter quaterque tibi Plaudas, Aquitania, fortem
    Fausta, tibi nunquam fata dedere parem.
Orbi quem peperit partu Delphina secundo
    Princeps, quo gaudes nomine, nomen amat.

[1] Les Régimens Irlandois au service de France.

Nascenti arridet vox hæc, *Aquitania*, et illi
    Non prolata semel sed repetita placet.
Ergo tuum, quod amat Princeps, Aquitania, nomen
    Ingemines; illi, est, posse placere, decus.
Ridentem hunc cernas Aquitania, Pignora, risus
    Hi, tibi lœtitiœ certa perennis erunt.
Burgondis datus est major : Burgundia tanto
    ·Principe lœtetur, non erit iste minor.
Scilicet heroâ cum sint de stirpe creati,
    Alter erit major, nec minor alter erit.
Borbonidum solo vel nomine magnus uterque
    Frater erit meritis, major uterque, suis.
Nobile par fratrum peraget non impare gressu
    Laudis iter, palmas, quas hic, et ille feret.
Sic in eo vivet Lodoix, Henricus in isto,
    Reddat ut exemplar frater uterque suum.
Fratribus in geminis et avi, proavique resurgent
    Ut qui illos videant, hos periisse negent.
Utque patrem totum exhibeant, certabit uterque,
    Laudeque certabit frater uterque pari.
Burgundis non invideas Aquitania fratrem,
    Fratrem multa tibi laus sit habere ducem.
Annis ut cedat fratri, virtutibus illi
    Non cedet, virtus cedere vera nequit.
Borbonio cum sit natus de sanguine, divûm,
    Indice multiplici, se genus esse probat.
Illo si nascens pingatur Jupiter ore,

Bis se crediderit Jupiter esse Jovem.
Hos oculos, illasque manus, illosque lacertos
    Cum primum est natus, Mars habuisse velit.
Hoc duce si pugnes, victrix Aquitania, nullus
    Hostis, quem pudeat vertere terga fugæ.
Hoc duce nulla maris metuenda pericla, tuisque
    Sternet aquas rostris obsequiosa Thetis.
Hoc duce quas plenis manibus tibi fundit Iacchus
    Divitias, orbem tuta in utrumque feres.
Et quoties dux ille tuus celebrabitur, et te
    Gloria, Laudato cum duce, quanta manet!
Hunc tibi dat Lodoix fœlix Aquitania, in illo
    Munere, regalis pignus amoris habes.
Pignus amore datum studio mercare perenni
    Quod Lodoix tanto pignore amoris emit.

PETRUS-SIMON LIVRON è SOC. JESU.

SOMNIUM

CARMEN ANACREONTICUM

Qua pingue flexuosus
    Rigat solum Garumna
Urbisque lambit Ædes
Portu suo superbæ

Collesque Baccho amatos,
Nuper silente nocte
Teneris jacebam in herbis,
Quando quieta corda
Oblita sunt laborum,
Suavis meis ocellis
Somnus levis sedebat ;
Longèque somniorum
Suavissimo tenebar.
Mihi est Apollo visus
Imberbis et juventâ
Florens; habebat Arcum,
Et Auream Pharetram.
Laurus virens nitentes
Dei comas premebat.
Dextrâ lyram sonantem
Tenebat; illicoque
Me affatus ore blando
Cur, inquit, otiosus
Jaces ? meos alumnos
Cessare nunc nefas est.
Superi dedere signum
Gallis recens amoris.
Parente digna proles,
Avoque digna tanto,
Heroïbusque claris,
Quos Galliæ tulerunt ;

Firmi columna Regni,
Regni alterum decusque
Nunc vota vestra complet.
Tenellulum videre
O si tibi liceret,
Raperet tuos amores !
Vultum ipsius decorant
Et Gratiæ decentes,
Et quid quid est Jocorum,
Et quid quid est Lepôrum,
Et quid quid est Amorum.
Pueri sedet labellis
Roseis decens venustas,
Oculi tamen micantes,
Ceu Flamma, Martium quid
Vibrare jam videntur,
En quanta dona nuper
Gallis dedere Divi.
En dona quæ Beatæ
Princeps amore dignus
Aquitaniæ paravit.
Quem Rex vocat Nepotem,
Suum hæc Ducem vocabit.
Unquam ne Justiorem
Causam putas canendi
Esse omnibus poëtis !
Sic fatus ille cœlum

Statim petit, meosque
Sopor relinquit artus. .

JULIANUS BONIN E SOC. J.
EX ACAD. REG. BURDEG.

GRATULATIO

HENDECASYLLABI

P INDI quot quot habet jugum Sorores,
  Hûc, hûc ô Latiæ citô Camœnæ
Moras rumpite, vos vocat Garumna.
Ad nostras properè volate sedes :
Nostram dicite, toto in orbe, dignis
Phœbo carminibus Beatitatem.
Magni Dî similem sibi benigni
Nobis et faciles Ducem dedere.
Aquitania quàm Beata nunc es !
A te nomen habet Genus Deorum
Et nomen tibi dat Genus Deorum.
Nemo nunc poterit Ducem vocare,
Quin nomen simul et tuum vocetur.
Tam te Mente diu tenebit ipse,
Quàm se Mente diu tenebit ipsum.
Aquitania quàm Beata nunc es !

JULIANUS BONIN E. SOC. J.
EX ACAD. REG. BURDEG.

☩☩☩☩☩☩☩☩☩☩☩☩☩☩☩☩☩☩☩☩☩☩☩☩☩☩☩☩☩☩☩☩☩☩☩☩☩

ICONES SYMBOLICÆ

Quibus exhibita in Burdigalensi Societatis Jesu Collegio Ludicrorum ignium spectacula, ad Aquitaniæ Ducis Ortum celebrandum, exornata sunt.

PRIMA

Serenissimæ Delphinæ Fœcunditas.

SYMBOLUM.   Duo Lilia in Horto
VERBA.   Parit nova dona quot annis.

SECUNDA

Serenissimus Aquitaniæ Dux precibus et votis ad superos fusis a sereniss. Delphinâ impetratus.

SYMBOLUM.   Alveare melle refertum.
VERBA.   Celestia dona (*Virg. Georg. IV.*)

TERTIA

Sereniss. Aquitaniæ Ducis genus Augustum

SYMBOLUM.   Flumen jam ortu magnum.
VERBA.   Magnum se prodit ab ortu.

QUARTA

Sereniss. Burgundiæ et Aquitaniæ Duces Domûs Regiæ Firmamentum et Decor.

SYMBOLUM.   Duæ Columnæ ordinis Corinthiaci Regiæ frontem sustinentes.
VERBA.   Et Decor et Columen.

QUINTA

Gloria Aquitaniæ quód Regis Nepotem
Ducem habeat.

SYMBOLUM. Cycnorum Turma pennas explicantium
    Cycnum insigniorem sequens.
VERBA. Tali Duce tota superbit.

SEXTA

Sereniss. Burgund. et Aquit. Duces Aquitanis
Navigationi operam dantibus favebunt.

SYMBOLUM. Stellæ Castoris et Pollucis.
VERBA. Amant hæc sidera Nautæ.

SEPTIMA

Sereniss. Aquitaniæ Dux Navigantes
Aquitanos reget.

SYMBOLUM. Cynosura Nautas è Cœlo regens.
VERBA. Hymin anoteros hegemoneyso [1].

OCTAVA

Serenissimo Aquitaniæ Duce protecti
Aquitani confidentiores.

SYMBOLUM. Leunculi Leonem intuentes.
VERBA. Animos Dux fortibus addit.

EXCOGITAVIT J. BONIN. S. J.

---

[1] Cette devise grecque est ainsi imprimée en caractères latins dans l'édition primitive (N. d. l'Ed.)

BERS D'UN GASCOUN

A l'occasion de la Este que se eï au Coulege dos Jesuistes de Bourdeu, per la Neissence de Monsignou Louis-Marie-Xabier, Duc d'Aquitene.

QU'ENTENDI jou ? qu'an lou cap a l'enbers
    Per counpousa mante sorte de Bers,
Ou lous pesqua, disen, dens l'hypoucrêne,
Per celebra lou Grand Duc d'Aquitene.

E jou qu'areï ? ne gausi me moucha...
Mes seuï Gascoun, ne sauri me cacha.
O que diran quan beïran moun plumatge !
Que penseran entenden moun ramatge.
Me creïran touts Auzet sesit de pau,
Creïgnen, de touts que canti lou plus mau,
Me bouteran, ma foï, tout à la quoiie.

Mes tan meillou ; poureï bien à la moüe ;
Tan que boudreï, poureï me mouqua d'Ets,
Sens que me beden, sens creïgne camoufflets,
Mes camoufflets (et n'es pas gascounade)
Se m'en baillen, beïren leu moun Espade.

Jou beyri doun lous Grecs, Latins, Englès,
Touts daban jou, sens qu'aco fusse assès,
Per lous tourna leu touts en redicules ;
Et lous y dire : Amics, fau qua reculets.

N'es plus lou temps qu'aucun auge lou pas,
Daban Gascouns, daban ta bouns Souldats.
Despeuï qu'aben si gran Duc d'Aquitene,
Tou boun Gascoun a reng de Capitene.

Beleu pensats que debets l'empourta,
Per boste estrange, ou trop saben parla ?
Quan legiran toute boste Bermine,
Leu cracheran, leu touts aran la mine.
Mes quan bindran à nostes bers Gascouns,
Saboureran, tan lous trouberan bouns.

Ats pertan dit, causes meï que passables,
Et que seren, credi, bien agradables
Au Reï, la Reïne, au tan brillen pareil,
Qui n'a dégau debat tout lou Souleil,
(Entendets bien, lou Dauphin, la Dauphine)
Perle, quadun, dos Princes, la meï fine.
L'un a dau Reï, lou co, la Majestat,
De la Reïne a l'aute la pietat.

Falebe un mot placat abec adresse
Per toutes, ou, per cadune Princesse
Doun les bertuts, les beres qualitats,
Rendren huroux lous plus Grans Poutentats,
Que creïren touts une grande infortune,
Si per malhur en perdeben qu'aucune.

Mes en rebanche, abets proufetisat,
Et dit en tout la pure beritat,

Sus lous dus fraïs, qui rabissen la France,
Qu'aran loun temps sa bien douce espérance
Que lou Cadet, à qui nous an dounat,
Nous troubera tout-à-fait à soun grat,
Qu'et aïmera, serbira la Proubince,
Que la Proubince adourera tau Prince.
Res n'es plus braï ; pertan ne proube pas,
Que daban nous debets abe lou pas.

Den bostes bers, n'es dit res que ne pense,
Mesme estrangeï, qu'a quauque counessence ;
E jou parblu (n'en seuï pas orguilloux)
N'en diri meï cinquante cops que bous.
Si qu'aucun di que boudré bien lou beïre ;
Et es un sot ; un Gascoun et deu creïre,
Quan et s'agis d'au Reï, tout saben bien assés
Que tout Gascoun parle en meillou Frances.
Que ne benen doun pas nous tira trop l'aureille,
Se ne boulen esta relençats à merveille.

Bedets, Messius, per quet échentilloun ;
Que daban nous fau beïcha pabilloun,
Qu'à touts Gascouns debets à la jouncade,
Si ne boulets abe souben l'aubade ;
J'auri per jou dreït tout particulier ;
Coume noste Grand Duc, jou me noumi XAVIER.

Permis d'Imprimer. A Bordeaux le 16 Novembre 1753.
Signé : QUEYRAU, *Jurat.*

TRADUCTION
DES PIÈCES LATINES ET GASCONNES
Contenues dans le recueil qui précède

PIÈCES LATINES

FÉLICITATIONS ADRESSÉES A L'AQUITAINE
Parce que le nom de duc d'Aquitaine a été donné sur l'ordre de Louis XV au second fils du Dauphin.

ÉLÉGIE.

Applaudis trois et quatre fois à ton sort, ô Aquitaine, car jamais la Fortune propice ne t'accorda semblable destin. Le prince que la Dauphine vient de donner au monde par un heureux enfantement, chérit le nom que tu es fière de porter. Salué à sa naissance de ce mot d'Aquitaine, il veut qu'on le lui dise, aime à l'entendre plusieurs fois. Ainsi répète, ô Aquitaine, ton nom qui plaît au prince ; plaire au prince est un honneur ; regarde son sourire, ce sourire est pour toi le gage certain d'une joie éternelle. On a donné le frère aîné à la Bourgogne, que la Bourgogne se réjouisse d'avoir un tel prince, le nôtre ne lui cèdera pas. Tous deux sortent d'une souche héroïque, et si le premier est le plus grand, le second ne sera pas moindre. Grands par le nom seul de

Bourbons, chacun d'eux semblera l'aîné par ses
mérites. Ce glorieux couple de frères parcourra
d'un pas égal le chemin de la renommée, et les
palmes cueillies par l'un seront aussi cueillies par
l'autre. Ainsi Louis revivra dans le premier, Henri
dans le second, et chacun des deux frères fera
renaître son modèle. En eux reparaîtront leurs
ancêtres et les pères de leurs ancêtres, et en voyant
les fils, on ne pourra croire que les aïeux aient
péri. Rappeler en tout leur père sera pour eux un
objet de lutte, et dans cette lutte les deux frères
obtiendront une gloire égale. Si les Bourguignons
en possèdent un, ô Aquitaine, ne leur porte pas
envie, mais estime qu'avoir l'autre pour duc est
un grand honneur. Il cède à son frère par le
nombre des années, mais il ne lui cèdera pas en
vertu ; la vertu véritable ne peut céder à personne.
Né du sang des Bourbons, il montre par mille
signes qu'il appartient à la race des dieux. Si l'on
peignait Jupiter naissant avec un tel visage, Jupiter croirait qu'il est deux fois Jupiter. Mars aurait
voulu avoir à sa naissance ces yeux, ces mains,
ces bras. Sous un tel chef, Aquitaine victorieuse,
tu ne trouveras pas dans les batailles un ennemi
qui rougisse de fuir ; sous un tel chef, tu n'auras
pas à craindre les périls de la mer, et Thétis com-
plaisante aplanira ses flots devant tes navires. Sous

un tel chef tu porteras sans danger dans les deux mondes les richesses que Bacchus te verse à pleines mains. Et, quand on célèbrera ton illustre duc, quelle gloire sera la tienne, toi dont le duc obtiendra tant d'éloges. Louis te donne ce chef, heureuse Aquitaine, et ce présent est un gage de son royal amour. Mais ce gage d'amour, tu dois le payer d'un dévouement éternel que Louis vient d'acheter au prix d'un tel gage d'amour.

P. Simon Livron, de la Soc. de Jésus.

SONGE

POÉSIE ANACRÉONTIQUE

Dans les lieux où la sinueuse Garonne arrose un sol fertile, et caresse les édifices de la ville qu'enorgueillit son port et les coteaux chers à Bacchus, j'étais récemment couché sur l'herbe moelleuse pendant le silence de la nuit. Quand mon cœur apaisé eut oublié ses travaux, un doux sommeil s'appesantit sur mes yeux et j'eus le plus délicieux des songes. Apollon m'apparut, florissant de jeunesse, il portait un arc et un carquois d'or, un vert laurier pressait la chevelure éclatante du dieu, et sa main droite tenait la lyre sonore. Aussitôt il me dit d'une douce voix : « Pourquoi rester étendu dans l'oisiveté. Mes nourrissons ne peuvent sans crime se reposer aujourd'hui. Les dieux viennent de donner aux Français un signe de leur amour. Un enfant digne de son père, digne d'un si grand aïeul, et des héros illustres qu'a produits la France, colonne de l'inébranlable royauté, et pour la royauté gloire nouvelle, vient de combler tous nos vœux. Oh, s'il t'était permis de le voir, sa tendre jeunesse ravirait ton cœur ! Les Grâces charmantes, et tous les Jeux et tous les Ris et tous les Amours embellissent son visage. Sur les lèvres roses de l'enfant se sont posés l'agrément et le charme ; mais ses yeux brillent comme la flamme, et aux éclairs qu'ils jettent déjà, on devine quelque chose de Mars. Voilà les dons que les Dieux viennent d'accorder à la France, voilà les dons qu'un prince digne de notre amour accorde à l'Aquitaine. Celui que le roi nomme son petit-fils, elle le nommera son duc. Penses-tu qu'il y ait jamais pour tous les poètes une meilleure occasion de chanter ? » Il dit, et regagna le ciel tandis que le sommeil abandonnait mes membres.

J. Bonin de la Soc. de Jés.
Membre de l'Acad. Roy. de Bordeaux.

✿✿✿✿✿✿✿✿✿✿✿✿✿✿✿✿✿✿✿✿✿✿✿✿✿✿✿✿✿

FÉLICITATION
HENDÉCASYLLABES

O Sœurs qui vivez sur les cimes du Pinde, accourez toutes, Muses Latines, accourez, point de retard, la Garonne vous appelle, volez bien vite jusqu'à nous, et chantez par tout le monde notre bonheur dans des vers dignes de Phœbus. Les grands dieux, pleins de bienveillance et de douceur, nous ont donné un duc semblable à eux. Aquitaine, quel est ton bonheur! La race des dieux tire son nom de toi, et tu prends le nom de la race des dieux. Nul ne pourra désormais nommer le dieu sans prononcer ton nom en même temps, et le dieu devra songer à toi aussi long-temps qu'il songera à lui-même. Aquitaine, quel est ton bonheur!

J. BONIN DE LA SOC. DE JÉS.
MEMBRE DE L'AC. ROY. DE BORDEAUX.

✤✤✤✤✤✤✤✤✤✤✤✤✤✤✤✤✤✤✤✤✤✤✤✤✤

FIGURES SYMBOLIQUES
qui servirent d'ornements pour les illuminations faites par la société de Jésus dans son collége de Bordeaux

EN L'HONNEUR DE LA NAISSANCE DU DUC D'AQUITAINE

I

La Fécondité de la sérénissime Dauphine

FIGURE — Deux lis dans un jardin.

DEVISE — Sa fécondité nous offre chaque année des présents nouveaux.

8

II

Le sérénissime duc d'Aquitaine obtenu du ciel par les prières et les vœux de la sérénissime Dauphine

FIGURE — Un vase rempli de miel.

DEVISE — Dons célestes (*Virg. Georg. IV.*)

III

L'origine auguste du sérénissime duc d'Aquitaine

FIGURE — Un fleuve grand dès sa source.

DEVISE — Sa grandeur apparaît dès son origine.

IV

Les sérénissimes ducs de Bourgogne et d'Aquitaine honneur et appui de la maison royale

FIGURE — Deux colonnes d'ordre corinthien soutenant le fronton d'un palais.

DEVISE — Honneur et soutien.

V

La gloire de l'Aquitaine qui a pour duc le petit fils du Roi

FIGURE — Une troupe de cygnes ouvrant leurs ailes et suivant un cygne qui se distingue de tous les autres.

DEVISE — Elle s'enorgueillit tout entière d'un tel chef. (*Jeu de mots sur le double sens de* DUX : *chef et duc.*)

VI

Les sérénissimes ducs de Bourgogne et d'Aquitaine protégeront les entreprises maritimes des Aquitains

FIGURE — Les constellations de Castor et de Pollux.

DEVISE — Les matelots chérissent ces étoiles.

VII

Le sérénissime duc d'Aquitaine dirigera les Aquitains dans leurs navigations

FIGURE — Cynosure dirigeant les navigateurs du haut du ciel.

DEVISE — D'en haut je vous dirigerai.

VIII

Les Aquitains enhardis par la protection du sérénissime duc d'Aquitaine

FIGURE. — Des lionceaux regardant un lion.

DEVISE. — Ce chef donne du courage aux vaillants.

IMAGINÉ PAR J. BONIN, DE LA SOCIÉTÉ DE JÉSUS.

(TRADUCTION DE M. HENRI OUVRÉ.)

VERS D'UN GASCON

A l'occasion de la fête qui a été donnée au Collège
des Jésuites de Bordeaux, pour la naissance de Mon-
seigneur Louis-Marie-Xavier, duc d'Aquitaine.

Qu'entends-je ? — Ils ont la tête à l'envers
pour composer des vers de toute sorte ! Où les
pêcher ? — disent-ils — dans l'Hippocrène, pour
célébrer le grand duc d'Aquitaine.

Et moi que ferai-je ? — Je n'ose même me
moucher... Mais je suis Gascon ; me cacher, c'est
impossible ! Oh, que diront-ils en voyant mon
plumage, que penseront-ils au bruit de mon
ramage ? Ils me croiront un oiseau apeuré et,
craignant que de tous je ne chante le plus mal, ils
me bouteront, ma foi, tout à la queue.

Tant mieux, après tout je pourrai de la sorte,
et tant que je voudrai, leur faire la moue et me
moquer d'eux sans qu'ils me voient et sans
craindre les camouflets. Mais, des camouflets !
s'ils m'en baillent (et ceci n'est pas une gasconnade)
ils apercevront vite mon épée !

Je verrai donc Grecs, Latins, Anglais, et plus
encore s'il le faut, tous devant moi, pour les
tourner tous en ridicule et pour leur dire : Amis
il vous faut reculer. Le temps n'est plus où qui

que ce soit ait le pas sur les Gascons, sur de si excellents soldats. Depuis qu'ils ont un tel duc d'Aquitaine, tout bon Gascon a rang de capitaine.

Peut être pensez-vous devoir l'emporter par votre étrange et trop savant parler? Mais quand on lira toute votre vermine, chacun aura tôt fait de cracher et de faire la mine. Au contraire, quand on en viendra à nos vers gascons, on les savourera, tant on les trouvera parfaits.

Vous avez pourtant dit des choses plus que passables, et qui seront, je crois, bien agréables au Roi, à la Reine, et à ce couple si brillant sans égal sous le soleil (le Dauphin, la Dauphine, vous comprenez), qui sont tous deux la plus fine perle des Princes. L'un a le cœur et la majesté du Roi, l'autre a la piété de la Reine

Vous auriez dû aussi placer adroitement un mot, général ou particulier, en l'honneur de ces Princesses [1] dont les vertus, les belles qualités rendraient heureux les plus grands Potentats, qui se croiraient tous grandement infortunés si, par malheur, ils en laissaient échapper une.

Mais en revanche, vous avez prophétisé et vous avez dit en tout la pure vérité sur ces deux frères [2]

[1] Mesdames de France, filles de Louis XV.
[2] Le duc de Bourgogne et le duc d'Aquitaine.

qui ravissent la France, en affirmant qu'ils seront longtemps sa plus douce espérance ; que le cadet, auquel on nous a donnés, nous trouvera entièrement à son gré ; qu'il aimera et servira la Province ; que la Province adorera un tel Prince. Rien n'est plus vrai ; pourtant tout cela ne prouve pas que vous deviez avoir le pas sur nous.

Dans vos vers il n'est rien dit que ne pense même un étranger qui ait le sens commun. Mais moi, parbleu (et je n'en suis pas orgueilleux) j'en dirais bien cinquante fois plus que vous. Si quelqu'un dit qu'il voudrait bien le voir... ce n'est qu'un sot ! Quand un Gascon parle, il doit le croire. Lorsqu'il s'agit du Roi, tous savent assez qu'il n'est pas un Gascon qui ne parle le meilleur Français ! Que nul ne vienne donc nous tirer trop l'oreille, s'il ne veut être relancé de la bonne manière.

Vous voyez par cet échantillon, Messieurs, que devant nous il faut baisser pavillon ; et qu'à tout Gascon vous devez l'honneur de la jonchée si vous ne voulez être souvent réveillés par un charivari. A cette jonchée, j'aurai, pour moi, un droit tout spécial ; car, comme notre Grand Duc, je me nomme XAVIER !

(TRADUCTION DE M. AD. MAGEN.)

POÉSIES DIVERSES

EN L'HONNEUR DU DUC D'AQUITAINE

VERS

SUR LA NAISSANCE DE MONSEIGNEUR

LE DUC D'AQUITAINE

Par M. Marmontel

Incipe, parve puer, risu cognoscere matrem.

Q UEL est dans ce brillant séjour,
Le spectacle qui se déploye ?
Un nouveau Bourbon voit le jour :
La Vertu, la Gloire et l'Amour
En ont poussé des cris de joye.

L'Amour triomphant et charmé
Contemple son nouvel ouvrage,
Avec lui la Gloire partage
L'honneur de l'avoir animé :
A son tour la vertu s'engage
A faire adorer d'âge en âge
L'auguste sang qui l'a formé,
Et dont le plus bel héritage
Fut toujours le don d'être aimé.

Quelle Divinité nouvelle
Sourit en voyant ce berceau ?
Rubens que n'ai-je ton pinceau
Ou que n'avais-tu mon modèle !
Auguste Enfant reconnoissez
A ce sourire plein de charmes,
A ces yeux tendrement fixés
Sur le cher objet de leurs larmes,
L'Héroïne dont vous naissez.

En vous de la plus belle flamme
Elle adore le nouveau fruit :
En vous elle voit reproduit
L'Epoux qui règne dans son âme :
Cet Epoux tendre et fortuné,
Cet Epoux le plus digne Père,
Après celui dont il est né,
Que jamais le Destin prospère,
Au plus heureux Fils ait donné.

France, le tendre amour de Mère,
N'est pas dans ce moment flatteur,
Le seul intérêt de son cœur :
Dans son Fils elle voit ton Père.

Ainsi les Palmiers amoureux
Dont l'Inde embellit son rivage,
Etendent leur riche feuillage,
Et se couronnent moins pour eux

Que pour les habitants heureux
Qui reposent sous leur ombrage.

Déjà ces deux Astres nouveaux
Qui viennent d'ouvrir leur carrière,
Des premiers traits de leur lumière
Semblent foudroyer nos rivaux.
La paix se fait de leurs berceaux
Une indispensable barrière :
La Discorde éteint ses flambeaux,
Et suit cette vaste Frontière,
Comme on voit du milieu des eaux
Les vents retourner en arrière
Au signe brillant des Jumeaux

Tige des Lys, d'où sont éclos
Les gages du bonheur du monde,
Assure à jamais son repos.
On ne peut être assez féconde,
Lorsqu'on enfante des Héros.

ÉGLOGUE

SUR LA NAISSANCE DE MONSEIGNEUR

LE DUC D'AQUITAINE

Présentée à Monseigneur le Dauphin.

Par M. Dupain de Triel

TIRCIS, ANNETTE

ANNETTE (*Elle est un instant supposée seule*).

Dans ce verger désert je devance l'Aurore
Pour implorer vos dons, Dieux puissants que
[j'adore !
Le bonheur de nos champs fut toujours assuré,
Lorsque sur les leçons d'un Pasteur révéré
Nous vîmes se former les bergers du village,
Et sous lui, de nos mœurs faire l'apprentissage.
Louis dans ses Etats est ce Pasteur vanté ;
De ses nombreux enfans modèle respecté,
Il les formera tous aux vertus les plus cheres :
En lui donnant des fils, vous nous donnez des peres.
Assurez donc en eux le destin qu'il nous fait,
Grands Dieux ! d'un Prince encor j'implore le bienfait ;
Qu'il naisse ! et c'en est fait, quoique pauvre bergère,
Réduite par état au simple nécessaire,

N'importe... j'y consens et mon cœur l'a juré...
Un agneau m'est bien cher... je vous l'immolerai.

TIRCIS

Ah! remplissez vos vœux, ce Prince vient de naître.

ANNETTE

Tircis!... d'un vain espoir vous me flattez peut-être!
Mais non! trop de gaîté garantit vos discours!

TIRCIS

Je suivois ce ruisseau dont le tranquille cours
En deux bras divisé traverse les prairies,
Où nos mains au Printems cueillent des fleurs chéries;
Quand Coridon accourt d'un myrthe couronné,
Criant : « Vive la France! un Prince nous est né.
« Du fils de notre Roi l'Epouse aimable et chere,
« Est d'un Prince nouveau la glorieuse mere.
« Pour nous en réjouir j'assemble le hameau;
« Berger, nous t'attendons avec ton chalumeau.
« Le tendre Céladon y doit conduire Amynthe :
« On nous promet aussi le vieux Pasteur Philynthe.»

ANNETTE

Nous les verrons, Tircis : jamais un jour plus beau
Aux champêtres plaisirs n'invita le hameau.
Ce qu'est à la brebis l'herbe qui vient d'éclore,
A la fleur de nos champs les larmes de l'Aurore,
Ces deux enfans le sont aux peuples enchantés :
C'est à notre Soleil des rayons ajoutés.

TIRCIS

Si nos bergers jamais ont lû dans la Nature ;
De leurs talens Divins si j'ai quelque teinture,
De ce présent des Cieux j'avois d'heureux soupçons.
Hier, au jour naissant, un aigle et trois aiglons
En groupe réuni aux environs planerent ;
Sur la plus haute tour trois fois ils reposerent.
D'innombrables oiseaux, accourus de nos bois,
Respectueux, ravis à l'aspect de leurs Rois,
Firent de leur concert retentir le bocage.
De longs battemens d'aîle honorant leur hommage
Ces aigles paroissoient émus, reconnoissans,
Ils alloient, revenoient, empressés, caressans.
O que de chants nouveaux leur présence fit naître !
Que les Rois sont aimés quand ils désirent l'être.

ANNETTE

Je forme ici peut-être, un étrange souhait ;
A mon état privé fidèle par attrait,
Je voudrois cependant de nos champs éloignée,
A la Cour de Louis passer quelque journée.
Ne vous allarmez point, ô vertueux Tircis !
Je n'y chercherois point ces superbes lambris,
Ces danses, ces festins, ces plaisirs magnifiques
Que pour notre bonheur, sous nos réduits rustiques,
Notre simplicité veut que nous ignorions,
La paix habite-t'elle avec les passions !

Je n'y chercherois pas, fille sans modestie
Ces jardins où, dit-on, avec art travestie
Des femmes quelquefois l'importune laideur,
N'achète des attraits qu'au prix de la pudeur.
Une propreté simple, un vêtement de bure,
Une fleur de nos champs, faut-il d'autre parure?...
Je chercherois Louis dans un moment si beau,
Louis et son Dauphin entourant un berceau.
Quels sont là leurs transports et que doivent-ils dire?
O quel heureux berger, habile à s'introduire,
De tout ce qu'on y voit, se rendroit spectateur?

TIRCIS

Annette, à cet emploi, m'a nommé dans son cœur!
Mes vœux sont prévenus. Loin de ces lieux champêtres,
Demain, dans leur palais j'admirerai nos Maîtres.
Que Tircis ne peut-il vous y voir avec lui!
Mais d'un pere caduc, unique et cher appui,
Lui dérober en vous l'objet de sa tendresse,
Ce seroit au tombeau conduire sa vieillesse.
J'irai seul; mais du moins j'irai pour tous les deux;
Mon cœur y confondra mon hommage et vos vœux...
Je puis plus. Mes ayeux m'ont transmis la houlette
Dont Apollon fit choix, lorsque du Prince Admete
On prétend que ce Dieu conduisoit les troupeaux.
Je puis y joindre encor deux rares chalumeaux,
Par qui, sur nos bergers, j'eus trois fois la victoire

Quand de Louis vainqueur nous exaltions la gloire ?
A nos Princes Enfans j'irai les présenter.

ANNETTE

Que dites-vous, Tircis, osez-vous vous flater
Que de vos dons obscurs on recevra l'hommage ?
Ah ! lorsqu'à vos regards s'offrira l'étalage
Des superbes rubis, des métaux précieux,
Confus, déconcerté, vous baisserez les yeux.

TIRCIS

Non non : ma pauvreté n'a rien qui m'épouvante ;
Tout hommage a son prix, quand le cœur le présente.
Ces trésors dont ici nous serions éblouis,
Annette, ne font pas le bonheur de Louis.
Chéri de ses sujets, leurs cœurs sont ses richesses !
Des heureux, contre moi, que prouvent les largesses ?
Pour être mieux reçus aiment-ils plus que moi ?

ANNETTE

Vous m'inspirez, Tircis, l'espoir que je vous voi.
Ecoutez : j'élevois deux jeunes tourterelles
D'une tendre union intéressans modeles,
De ces époux chéris, c'est le symbole heureux.
Portez leur... Puissiez vous de retour en ces lieux,
De vos brillants succès étonner nos bergeres !
Je me charge du soin de conduire aux fougeres
Vos troupeaux et les miens ensemble confondus.

Mais déjà du soleil les rayons étendus,
Nous font de la chaleur sentir la violence,
De la fête au hameau l'heureux instant s'avance :
Allons la célébrer, et par vos mains, Tircis,
Sacrifier l'agneau que mes vœux ont promis.

ODE

SUR LA NAISSANCE DE MONSEIGNEUR

LE DUC D'AQUITAINE

Présentée à Monseigneur le Dauphin,

Par M. l'Abbé Roman

O TOI, Déité [1] révérée,
    Sœur du Dieu qui règle les jours,
Descens de la voûte azurée,
Et porte en ces lieux ton secours.
Descends, ô puissante Déesse,
Viens délivrer une Princesse
Digne de tes soins généreux.
Accours, ta divine présence
Hâtera l'heureuse naissance
D'un Prince, l'objet de nos vœux.

Déjà de ta main secourable

[1] Lucine.

Marie [1] éprouve les bienfaits :
Je vois un enfant adorable
S'offrir à mes yeux satisfaits.
Je vois les grâces de sa mère,
La noble douceur de son père,
Briller à l'envi dans ses yeux :
Digne de son auguste Race,
On le verra suivre la trace
De ses ancêtres glorieux.

Mais, quelle subite allégresse !
Mille cris ont fendu les airs :
Quels transports ! quelle douce ivresse !
Quel bruit se mêle à nos concerts !
J'entends les foudres de la guerre ;
Las de faire trembler la terre,
Leur bouche annonce son bonheur.
L'air brille, la flâme étincelle,
Une clarté pure et nouvelle,
De la nuit dissipe l'horreur.

La Renommée impatiente
Vole aux deux bouts de l'univers ;
Et déjà sa voix éclatante,
De ces accents remplit les airs :
Peuples du couchant, de l'aurore,
Un nouveau lis, qui vient d'éclore,

[1] Madame la Dauphine.

De la Seine pare les bords.
Elle dit : la terre charmée,
D'une même joie animée,
Seconde nos justes transports.

Mais je vois de loin Cythérée,
Son char s'élance dans les cieux :
De grâces, d'amours entourée,
Elle s'avance vers ces lieux.
Elle vient embellir la fête
Que la main des plaisirs apprête
Pour célébrer un si grand jour.
La Déesse au tendre mystère,
Préfère à l'aimable Cythère
Les charmes de ce beau séjour.

Sur le Prince qui vient de naître
Elle a déjà fixé les yeux.
Surprise, elle croit reconnaître,
De son fils les traits gracieux.
L'Amour, trompé comme sa mère,
Le prend lui-même pour son frère,
Et veut lui donner son flambeau.
De myrtes, de lis et de roses,
Par leurs soins fraîchement écloses,
Les Grâces jonchent son berceau.

Filles qu'on adore à Cythère [1],

---

[1] Les Graces.

Prenez cet enfant dans vos bras ;
Aux yeux de son auguste mère,
Découvrez ses naissans appas.
A cet aspect, sur son visage
Où la douleur forme un nuage,
Brille sa joie et son amour.
L'aimable enfant par un sourire,
A la Princesse semble dire,
C'est de vous que je tiens le jour.

Divinités inexorables,
O vous qui tenez dans vos mains
Les jours, hélas ! trop peu durables
Des peuples et des Souverains :
Fières Sœurs, rigoureuses Parques,
Pour ce fils de tant de Monarques,
Prenez vos plus heureux fuseaux.
Puissent ses hautes destinées,
Et le tissu de ses années,
Echapper à vos noirs ciseaux.

Le premier bruit de sa naissance
Va rassembler les jeux épars.
Pour amuser sa tendre enfance
Ils accourent de toutes parts.
Mais dans un âge plus solide,
Pallas, de sa puissante Egide,
Couvrira ce Prince chéri.

Les doctes Filles de Mémoire,
A ses yeux, offriront l'histoire
De son Ayeul et de Henri [1].

Ces Princes, des Rois les modèles,
Préferoient, au fond de leurs cœurs,
L'amour de leurs Sujets fidèles
A la gloire d'être vainqueurs.
Parmi les feux et le ravage,
Où se borne un héros sauvage,
Ils pratiquoient d'autres vertus.
Au milieu des villes en cendre,
S'ils combattoient comme Alexandre,
Ils pardonnoient comme Titus.

On voit par cet accord illustre
L'héritier du meilleur des Rois [2]
Gagner à son troisiéme lustre,
L'estime et l'amour des François.
Aux Champs de Mars [3], où la victoire
Couronnoit son pere de gloire,
Sa valeur le fit admirer.
A la Cour, humain, équitable,
Généreux, bienfaisant, affable,
Sa bonté le fait adorer.

[1] Louis XV et Henry IV.
[2] Monseigneur le Dauphin.
[3] A Fontenoy.

N'en doutons point : d'un vol rapide,
Le nouveau Prince jusqu'aux cieux,
Va, tel qu'un aiglon intrépide,
Suivre ses sublimes ayeux.
O Bourbon, seconde espérance
Que le ciel accorde à la France,
Quitte les jeux de ton berceau ;
Hâte-toi : la gloire t'appelle ;
A ton sang, à ton nom fidèle,
Tu leur dois un éclat nouveau.

Et toi, Province fortunée [1],
Cet enfant qui te doit son nom,
T'unissant à sa destinée,
Te rendra ton ancien renom.
Il arrachera des ténèbres,
Le nom de ces Héros célèbres,
Qui jadis te donnoient des loix.
Mais en rappelant leur mémoire,
Ton Prince effacera leur gloire,
Et surpassera leurs exploits.

O mihi tam longa maneat pars ultima vitæ,
Spiritus, et quantùm sat erit tua dicere facta.

VIRG. EGL.

[1] L'Aquitaine.

PIÈCES INÉDITES

AU DUC ET A LA PORTE D'AQUITAINE

I

ÉTAT DES PERSONNES

que le Roy a etablies pour servir près de Monseigneur

le Duc d'Aquitaine

GOUVERNANTE DES ENFANTS DE FRANCE

Madame la comtesse de Marsan *(après le décès de la duchesse de Tallard)*.

SOUS-GOUVERNANTES DES ENFANTS DE FRANCE

Dame Jeanne Louise Thereze de Launoy de Pencrek d'Haussy.

Dame Louise Sophie Françoise Cook de Butler.

Dame Madelaine Suzanne Rugy de Saint-Sauveur.

REMUEUSE

Dame Marguerite Desfugerais Rousseau.

CHAMBRE DE Mgr LE DUC D'AQUITAINE

NOURRICE

Dame Marie Louise Vaugeois Duchange.

FEMMES DE CHAMBRE

Dame Marie Martine Capet Thierry, première.

AUTRES

Jeanne Delpech de La Fargue.

Marie Victoire Condé Rabel.

Marie Madeleine Aumont Dauge.

Marie Geneviève Loustannau Roussel.

Louise Larechef Duparc.

Félicité Bazire.

Françoise Angadresme Catherine Esmangard de Beauval.

Anne Parisot Dubois.

Angélique Françoise Ridoy d'Agest, surnuméraire.

BLANCHISSEUSE

Marie Madeleine Beliard Bulot.

SERVANTE DE CUISINE

Marie Cornu.

GOUVERNANTES DES NOURRICES

Marie Anne Larechef Fauleau, gouvernante des nourrices du corps.

Marie Françoise Bertin Havard, gouvernante des nourrices retenues.

VALET DE CHAMBRE

Le sieur Boucher.

GARÇON DE CHAMBRE

Le sieur André Testard.

PORTEFAIX

Le sieur Jean Joseph Le Grand.

ARGENTIER

Le sieur Montigny.

(*Archives Nationales* o¹ 3743.)

NOTA. — Les personnes choisies pour former la chambre du duc d'Aquitaine demeurèrent fort peu de temps en charge par suite du décès de ce Prince. Mais Louis XV décida de les conserver pour servir auprès de l'enfant dont la Dauphine était alors enceinte et qui fut le duc de Berry (Louis XVI). Le traitement de ces personnes, comme de toutes celles composant les Maisons du Roi et des Princes, se divisait de deux parties : gages et nourritures, auxquelles il faut en ajouter une troisième, supplément habituel désigné sous le nom de récompenses et que nous appellerions aujourd'hui gratifications. On maintint sans interruption au service du duc d'Aquitaine les gages et nourritures, mais non les récompenses qui ne reprirent qu'à la naissance du nouvel Enfant de France. Seule, la nourrice du feu duc, ne put conserver ses fonctions; on lui laissa néanmoins ses 2400 l. de gages.

La Gouvernante des Enfants de France recevait par an pour livrées et nourritures 24000 l. et, par chaque enfant, 3600 l. de gages. On donnait à chaque Sous-Gouvernante 3600 l. de nourritures par an et 1200 l. de gages par enfant ; à la remueuse 1095 l. de nourritures par an et 360 l. de gages par enfant. Les gouvernantes des nourrices du corps et des nourrices retenues avaient 730 l. de nourritures et 150 l. de gages ; la première femme de chambre 360 l. de gages ; les autres femmes et les valets de chambre 200 l.

II

Etat des meubles, linge, argenterie et autres choses, faites et fournies du garde meuble de la Couronne et délivrées à Madame la Duchesse de Tallard, gouvernante des Enfans de France pour le service de Monsieur le duc d'Aquitaine, né à Versailles le samedy 8 septembre 1753, jour de la Nativité de la Vierge, à une heure cinquante minuttes après midy.

MEUBLES

Antichambre.

Quatre paravens de 6 feuilles chacun sur 8 pieds de haut couverts de drap rouge d'un coté seulement et garnis de galon de soye mêlée cloué, les bois peints de rouge en dedans.

Un bas d'armoire de bois de chêne à 2 guichets par devant fermant à clef, long de 3 pieds 1/2 sur 26 pouces de large et 30 pouces de haut.

Chambre.

Un lit à pentes de damas de Tours cramoisy de 4 pieds de large, 6 pieds de long et 8 pieds 1/2 de haut pour le berceau, composé de 3 pentes de dehors, 4 pentes de dedans festonnées, garnies de grande crepine et molet d'or doublées de taffetas, 2 bonnes graces, 2 cantonnieres, 4 rideaux, fond, dossier et 3 soubassemens, le tout garny de frange et molet d'or, 2 foureaux de pilliers de même damas uny et 4 pommes garnies de galon avec houpes de frange d'or.

Trois balustres de damas cramoisy matelassés garnis de galon d'or cloué et de ferrures dorées.

L'entour de serge de Londres cramoisy doublé de taffetas de même couleur, composé de 2 bonnes graces et de 2 grands rideaux garnis de frange d'or par bas et de molet d'or par les cotés et le haut avec tringle tournante de fer doré.

Un faux dossier de même serge doublé de taffetas et garny de molet d'or par les cotés.

Un faux fond de même serge uny, doublé de toile.

Le bois du lit garny d'un sommier mince de crin couvert de taffetas cramoisy par dessus et piqué en lozanges.

Le berceau de bois de hetre de 4 pieds 2 pouces de long sur 28 pouces de large, tout couvert de damas cramoisy et matelassé en dedans, garny de galon d'or cloué avec son archet et dossier, aussy couvert de damas unis.

Quatre tresses de soie cramoisy de 3 aunes de long sur 2 pouces de large, terminées chacune d'une houpe d'or par un bout pour remuer et arrêter le berceau.

Une petite courtepointe de damas cramoisy pour le berceau, garnie d'un galon d'or sur le quarré, avec 3 soubassemens garnis de frange et molet d'or, le tout doublé de taffetas.

Une grande couverture pour le berceau de 6 lés de damas cramoisy, sur 3 aunes 5/12 garnie autour de frange d'or, doublé de taffetas.

Six petits matelas de laine et futaine cousus de soie et piqués de capiton faisant 2 garnitures.

Sept oreillers de duvet et bazin de différentes grandeurs, scavoir :

2 pour la remuette de 3 pieds de long sur 2 pieds 1/2 de large.

2 pour le berceau, dont un pour le jour, l'autre pour la nuit de 30 pouces sur 24 pouces.

1 pour mettre l'enfant dans le berceau de 26 pouces sur 22.

1 pour donner à teter de 20 pouces sur 18 et 1 pour la nourrice de 24 pouces sur 20.

Deux couvertures de ratine ecarlatte d'un lés chacune sur 1 aune 1/3.

Une petite couverture piquée d'ouatte de satin blanc des 2 cotés, ayant 4 pieds en quarré.

Deux petites couvertures de laine d'Angleterre blanche.

Une envelope de 3 lés, de toile d'Alençon, jaune, sur 3 aunes 1/4.

Une remuette de 33 pouces de long, 27 pouces de large et 22 pouces de haut par derrière, du dessous à terre, et 18 pouces 1/2 par devant, aussy du dessous à terre, dont le dessus en glacis est enfermé de large rebords par 3 cotés garnis de laine en dedans ainsy que le fond de la remuette et couvert de damas garnis de frange et molet d'or avec sa housse de serge de Londres cramoisy, doublé de taffetas et garnie autour de molet ; le bois de la remuette peint en cramoisy avec filets dorés.

Deux portières de 6 lez chacune dudit damas sur 9 pieds 10 pouces de haut garnies autour de grand molet d'or et doublées de serge.

Deux rideaux de fenêtres de 7 lès chacun de damas blanc sur 10 pieds 1/2 de haut, garnis autour de galon d'or à crete.

2 fauteuils	le tout de damas cramoisy, garny
12 plians	de frange molet et galon d'or avec
1 chaise à dos	hous. de serg. de Londres cramoisy
1 tabouret	les bois peints rouge et filets dorés.

Deux carreaux de même damas garnis autour de galon et glands d'or aux coins avec housses de ladite serge.

Un tapis de table à 4 soubassemens de damas cramoisy garny de frange, molet et galon d'or doublé de taffetas avec sa housse aussy à 4 soubassemens de serge de Londres cramoisy doublée de taffetas et garnie autour de molet d'or et de son tapis de peau de mouton rouge rubanné de soye et doublé de taffetas.

Un bas d'armoire de bois de chêne à 2 guichets par devant, fermant à clef, long de 3 pieds 1/2 sur 23 pouces de profondeur et 30 pouces de haut.

Deux paravens sans coulisses de 6 feuilles chacun sur 4 pieds de haut, couverts des 2 côtés de damas cramoisy garny de galon d'or, cloué, avec housses de serge de Londres cramoisy. Trois écrans à coulisses couverts de damas cramoisy, avec grand galon d'or autour, les bois peints de rouge et filets dorés avec housses de serge de Londres cramoisy.

Pour Madame la Gouvernante.

Un lit à pentes de damas de Tours cramoisy, garny de grande et moyenne frange, molet et galon d'or, composé de 3 pentes de dehors et 4 pentes de dedans doublées de taffetas, 2 bonnes graces, 2 cantonnieres, 4 rideaux, fond, dossier, courtepointe doublée de taffetas, 3 soubassemens, 2 foureaux de pilliers et 4 pommes garnies de galon et houpes de frange d'or.

L'entour de serge de Londres cramoisy doublé

de taffetas de meme couleur, composé de 2 grands rideaux, 2 bonnes graces, garnis par le bas de frange d'or et de molet par le haut et les cotés avec tringle tournante de fer poly.

Un faux dossier de ladite serge doublé de taffetas et garny de molet d'or par les cotés. Un faux fond de même serge uny et doublé de toile.

Le bois du lit de 5 pieds de large et 6 pieds 1/2 de long sur 8 pieds 1/2 de haut, garny de 4 matelas de laine et futaine cousus de soie et piquez de de capiton cramoisy, un lit de plume et couty de Bruxelles, un traversin de duvet et bazin avec souille de taffetas blanc, 2 couvertures de 2 lés chacune de ratine ecarlatte sur 2 aunes 2/3 de long, une couverture de Marseille piquée de 2 aunes 1/2 de long sur 2 aunes 1/4 de large, une couverture de laine d'Angleterre 5 points.

Deux envelopes de 3 lés chacune de toile jaune d'Alençon de 3 aunes 1/4 de long.

Une chaise d'affaires de damas cramoisy.

Pour Madame la Nourrice.

Un lit à pentes de damas de Tours cramoisy, garny de grande et moyenne frange, molet et galon d'or, composé de 3 pentes de dehors et 4 pentes de dedans doublécs de taffetas, 2 bonnes graces, 2 cantonnieres, 4 rideaux, fond, dossier, courte pointe doublée de taffetas, 3 soubassemens, 2 foureaux de pilliers et 4 pommes garnies de galon et houpes de frange d'or.

L'entour de serge de Londres cramoisy, composé de 2 grands rideaux et 2 bonnes graces, garny d'un petit frangeon d'or avec tringle tournante de fer poly.

Le bois du lit de 4 pieds de large, 6 pieds de long et 8 pieds de haut, garny de 3 matelas de laine et futaine cousus de soie et piquez de capiton cramoisy, 1 traversin de duvet et bazin avec souille et taffetas blanc et 2 couvertures de laine blanche 4 points.

Deux envelopes de 3 lés chacune, de toile d'Alençon jaune de 3 aunes 1/4 de long.

Pour la Remueuse.

Un lit de veille composé de son bois à roulettes de 3 pieds de large et 6 pieds de long, garny de sangles croisées à l'enfonçure et de coutil au dossier, le tout brisé ; 1 sommier de crin et toile barrée, 2 matelas de laine et futaine, 1 lit et traversin de plume et couty, 2 couvertures de laine blanche, 1 pavillon de serge de Londres cramoisy doublé de taffetas et garny autour de frange et molet de soye melé, et 1 envelope de 3 lés de toile d'Alençon sur 3 aunes 1/4 de long.

Pour la Veilleuse.

Un lit de veille composé de son bois brisé à roulettes de 3 pieds 1/2 de large et 6 pieds de long, 2 matelas de laine et futaine, 1 traversin de plume et couty de Bruxelles, 2 couvertures de laine blanche 4 points, 1 pavillon de serge façon de Londres cramoisy et 1 envelope de 3 lés de toile d'Alençon jaune sur 3 aunes 1/4 de long.

Pour les 2 Garçons de chambre et le Portefaix.

Trois lits de veille de 3 pieds de large et 6 pieds de long, composés chacun de leur bois brisé à roulettes dessous, garnis de sangle à l'enfonçure et coutil au dossier, 1 paillasse, 2 matelas de laine et futaine, 1 traversin de plume et couty, 2 couvertures de laine blanche 3 points, 1 pavillon de serge de Mouye rouge et 1 envelope de 3 lés de toile d'Alençon jaune sur 3 aunes 1/4.

Pour la Femme de chambre de Madᵉ la Gouvernante.

Un lit de sangle de 3 pieds de large garny d'une paillasse, 2 matelas de laine et futaine, 1 traversin de plume et couty, 2 couvertures de laine blanche, 1 pavillon de serge de Mouye rouge uny et 1 envelope de 3 lés de toile d'Alençon jaune, sur 3 aunes 1/4.

Pour celle de la Remueuse.

Un lit de sangle de 3 pieds de large garny d'une paillasse piquée, 1 matelas de laine et futaine, 1 traversin de plume et couty, 2 couvertures de laine blanche et 1 pavillon de serge de Mouye rouge uny.

LINGE

Deux paires de draps à 5 lés de toile demy Hollande sur 4 aunes de long, pour Madame la Gouvernante.

Six paires de draps à 4 lés de toile demy Hollande moins fine, sur 3 aunes 1/2 de long dont

4 paires pour mesdames les sous gouvernantes et 2 paires pour madame la nourrice.

Deux paires de draps à quatre lez de toile demy Hollande moins fine sur 3 aunes 1/2 de long pour une troisième sous gouvernante.

Six paires de drap à 2 lés de toile blanche sur 3 aunes de long dont :

2 paires pour la gouvernante de Mad^e la Nourrice.

2 paires pour la remueuse.

2 paires pour la femme de chambre de madame la gouvernante.

Dix paires de draps à 2 lés de toile demy blanc sur 3 aunes de long, dont

4 paires pour 2 garçons de chambre.

2 paires pour portefaix.

4 paires pour la servante de la remueuse et celle de la gouvernante de la nourrice.

ARGENTERIE ET VAISSELLE DE CHAMBRE.

OR gravé des armes du Roy et de la legende : *Enfans de France.*

Un petit couvert de cuillier, fourchette et couteau pesant net 0^m 3^{on} 3^s 1/2 35^g dans un etuy de chagrain noir.

VERMEIL gravé des armes du Roy et de la legende : *Enfans de France.*

Six assiettes de table chantournées, bordées d'un cordon d'oves pesant ensemble 12^m 7^{on} 3^s

Une aiguière godronnée par le bas avec son couvercle en forme de coquille aussy godronné et cannelé, le pied rond ciselé d'ornemens 6^m 0^{on} 2^s 1/2

Un bassin ovale chantourné bordé d'un cordon d'oves de 17 pouces de long 7^m 3^{on} 1^s

Une ecuelle dont les oreilles sont cizelées d'ornemens de relief pesant avec son couvercle gravé de fleurs de lys dans des compartimens   4^m 0° 5^s 1/2

Une soucoupe ronde à pied ornée d'un cordon d'oves autour du bord   4^m 3° 1/2^s

Une grande tasse ronde à 2 anses dont le couvercle est gravé en plein de fleurs de lys dans des mosaiques et terminé d'une graine   2^m 0° 7^s 1/2

Une petite tasse pareille à la précédente pesant avec son couvercle terminé d'une fleur de lys double   1^m 2° 2^s

Deux cuilliers et 2 fourchettes ornées d'une petite moulure autour des manches   1^m 0° 6^s

Une petite cuillier pesant   0^m 1° 4^s 1/2

Quatre grands flambeaux a guaine quarrée, cannelée, le pied à pans, cizelé de godrons creux, pesant ensemble   21^m 3° 5^s 1/2

Un bougeoir à queue pesant   2^m 4° 2^s 1/2

Un porte mouchette chantourné et bordé d'oves pesant avec sa mouchette   2^m 0° 7^s 1/2

Un benitier de 8 pouces de

haut dont la croix toute unie est accompagnée par bas de cherubins, le vaze quarré cizelé de godrons pesant 1^m 4° 7^s $1/2$

        Total pour le vermeil 67^m 1° 7^s $1/2$

ARGENT BLANC gravé des armes du Roy et de la legende : *Enfans de France.*

Six assiettes de table bordées d'oves pesant ensemble 12^m 5° 6^s

Deux saucieres rondes et creuses pesant ensemble 3^m 2° 6^s $1/2$

Un pot à bouillon de 6 pouces de haut pesant avec son anse et couvercle 5^m 2° 1^s

Deux pots au lait de 5 pouces de haut fermant à serrures pesant ensemble avec leurs anses et couvercle 8^m 3° 4^s

Une boete a la farine de 5 pouces $1/2$ de haut fermant à clef pesant avec son anse et couvercle 4^m 2° 4^s

Une boete au sel aussy de 5 pouces $1/2$ de haut à une anse fixe pesant avec son couvercle 3^m 2° 5^s

Une ferriere de 9 pouces de haut pesant avec ses deux chaines et bouchon 4^m 0° 0^s

Un coquemard de 9 pouces 1/2 de haut pesant avec son anse et couvercle 4^m 7° 5^s

Un rechaud pesant avec sa grille en triangle, séparée du réchaud 7^m 3° 7^s

Un petit rechaud à esprit de vin pesant avec sa grille séparée du rechaud 2^m 7° 3^s

Un poelon a bouillie de 7 pouces de diametre pesant avec sa queue et sa cuillier 7^m 3° 7^s

Une bassinoire dont le couvercle est percé de fleurs de lys à jour pesant avec les deux traverses en croix qui sont sur le couvercle et la vis du manche. 6^m 6° 2^s

Un mortier de 3 pouces de haut, uny, pesant 1^m 6° 4^s

Une spatule de 6 pouces de long, pesant 0^m 0° 7^s

Un moyen pot de chambre rond à anse, pesant 2^m 1° 5^s

Un petit pot de chambre rond
à une anse, pesant 1^m 3° 0^s

Un pot de chambre ovale
non gravé, pour madame la
gouvernante 2^m 3° 0^s

Total 78^m 7° 2^s $1/2$

AUTRE ARGENT BLANC

Pour Madame la Nourrice

Une écuelle couverte pesant 3^m 4^{on} 2^s $1/2$

Une tasse à 2 anses avec son
couvercle cizelé de godrons et
terminé d'une graine 2^m 0° 2^s $1/2$

Un pot à l'eau en forme de
buire à une anse pesant avec son
couvercle 3^m 5° 2^s

Un flambeau à pied rond, la
tige à balustre 1^m 5° 7^s $1/2$

Une saliere ronde, le pied
à pans, pesant 0^m 7° 2^s $1/2$

Une cuillier, une fourchette et
un couteau pesant ensemble 0^m 7° 3^s $1/2$

Total 12^m 6° 4^s $1/2$

TOILETTE.

Une toilette de brocart or et argent nué de fleurs de soie de plusieurs couleurs, composé des pieces qui ensuivent, scavoir :

Un dessus de toilette de 2 lés dudit brocart sur 1 aune de long garny d'un large bordé d'or à festons avec 4 glands d'or aux coins doublée de taffetas vert.

Un miroir cintré couvert dudit brocart et garny d'un bordé d'or, la glace de 13 pouces 1/2 de haut sur 11 pouces 1/2 de large.

2 quarrez
1 boite à poudre
2 pelotons
1 vergette
2 brosses à tête
2 brosses à peignes
1 etuy à peignes

Le tout couvert dudit brocart et bordé d'or.

Un tapis ou dessous de toilette de damas vert, bordé de galons d'or et doublé de toile.

Une houpe de soie de grenade blanche pour la boete à poudre.

Une table de toilette de bois de noyer de 3 pieds de long sur 25 pouces de large et 26 pouces de haut à pied brisé et ferré.

Une cassette de 30 pouces de long, 20 pouces

de profondeur sur 19 pouces de haut couverte de velours cramoisy garnie autour de galon d'or et doublée de satin blanc et un tiroir par bas pour serrer le miroir avec sa housse de taffetas cramoisy doublée de serge.

Un bas d'armoire de bois de pallissante (*sic*) de 31 pouces de long, 23 pouces de profondeur et 26 pouces de haut pour servir de pied à la cassette, ayant par devant 2 guichets et 1 tiroir fermant à clef, le tout avec ferrure dorée; dans l'armoire il y a une tablette garnie de taffetas blanc, le tiroir garny de même.

Un parasol de damas cramoisy garni de galon d'or à jour sur les carnes et d'une frange au milieu du dessus et autour du bord avec housse de serge.

Deux sacs de damas cramoisy, garnis de galon d'or avec glands, cordons et houpes de soie cramoisy et or.

Quatre peignes d'écaille.

Quatre peignes d'yvoire.

Quatre peignes de buis fins.

Une toilette de point de Malines avec son dessus de toile garny autour d'une petite dentelle de même point.

Une toilette de dentelle d'Angleterre avec son dessus de toile, garny autour de petite dentelle de même point.

POUR LA GARDE ROBE AUX HABITS

Un bas d'armoire de bois de noyer plein de 3 pieds 1/2 de large à 2 tiroirs et 2 batans.

Pour la première femme de chambre, femmes de chambre et la remueuse.

Quatre chaises d'affaires de bois de noyer.

Nous, duchesse de Tallard, gouvernante des Enfans de France, certiffions, que les meubles, argenterie, linge et autres choses mentionnées en l'état cy dessus et des autres parts, nous ont été délivrées par M. Gentil garde général des meubles de la Couronne, pour l'usage y contenu.

A Versailles le 2 Septembre 1753.

LA DUCHESSE DE TALLARD.

(Archives Nationales o¹ 3249 carton : layettes des Enfants de France).

NOTA. — Au décès du duc d'Aquitaine, Madame de Marsan alors gouvernante retira selon le droit de sa charge, les meubles et l'argenterie du prince ; mais, comme le tout était neuf, elle le rendit au Roi pour servir à l'enfant à naître de la Dauphine, moyennant une somme d'argent dont elle se contenta. (*Arch. Nat.* o¹1048 12ᵉ doss. pièce 83.)

III

A Bordeaux ce 8 Septembre 1753.

MONSEIGNEUR

Il y a deux ans que je previns la naissance de M. le Duc de Bourgogne par une demande qui parut être agreable au Roy et à Mgr le Dauphin, pour mettre sous les auspices de cette heureuse naissance une magnifique Porte de la ville de Bordeaux dont la construction etoit projettée sur le Port et obtenir la permission de luy faire porter le nom de ce Prince.

Une espece de repetition de ce qui se passa alors, pourroit elle, Monseigneur en presentant une nouvelle marque de l'amour des habitans de cette ville pour toute la famille Royale avoir encore le bonheur de plaire ? voicy l'etat dans lequel se trouvent les choses et qui m'enhardit à en faire la proposition.

Par deux deliberations de Jurade du 10 Juin 1748 et 27 Septembre 1752, la ville a projetté de faire batir une tres belle Porte à la place de celle dite de St Jullien qui est des plus vilaines, les deliberations ont été autorisées par arrêt du Conseil du 27 Juin d^{er} rendu en finance pour permettre la destination des deniers necessaires, et l'on est sur le point de commencer a y travailler.

Rien n'est plus convenable, Monseigneur, qu'un pareil ouvrage, cette Porte est après celle Bourgogne la plus passante de la Ville. Tout ce qui vient par terre d'au dessus de Bordeaux entre la Garonne, les Pirenées et l'Ocean, entre par elle, comme tout ce qui y va sort aussi par elle ; cette étendue de Païs est celle de l'ancienne Aquitaine, Et comme le Prince dont les couches prochaines de Madame la Dauphine donnent l'esperance, se doit appeler le Duc d'Aquitaine, si Sa Majesté veut bien permettre que la Porte en question luy soit dediée et porte son nom, Elle se trouvera par une rencontre heureuse porter en même temps celuy de son usage naturel.

Au surplus, Monseigneur, je puis vous dire que ce sera un monument qui par sa grandeur et la noblesse de son Architecture pourra répondre a l'honneur quil recevra. Je ne me suis encore ouvert de cette idée a personne, elle restera comme non avenue si vous ne l'aprouvez point, mais si vous l'agreez, je ne doute pas de la joye qu'en auront les Jurats, qui vous la temoigneront aussitôt, ainsi que celle de tous les habitans.

A l'occasion de la Ceremonie de la porte Bourgogne, les Jurats se partagerent pour pretendus

honorifiques une somme de plus de 9.000 l.,
l'exemple que je leur donnay de la remise d'une
double portion, que l'usage me destinoit comme
chef de l'hôtel de ville, ne les determina pas à
l'imitation, ne trouverez vous pas, Monseigneur, à
propos dans cette occurrance cy de les porter pour
le bien de la chose a un peu plus de desinteresse-
ment ; J'ay de la peine toutes les fois que je vois
que des deniers de la Communauté qui peuvent
être emploiés utillement pour elle, prennent un
autre cours.

J'ay l'honneur d'être avec un profond respect
        Monseigneur
            Votre très humble et très obeissant
serviteur
                (Signé) DE TOURNY

(*Archives départementales de la Gironde, G. 3619.*)

IV

LETTRE DU COMTE DE St-FLORENTIN A M. DE TOURNY

A Versailles le 20 Septembre 1753.

Jay rendu compte au Roy, Monsieur, de votre
prevoyance pour ce qui peut plaire à S. M. Elle

aprouve que la Porte qui doit etre construite en la place de celle de St-Julien, qu'il a été arresté de suprimer, soit dediée à Mgr le Duc d'Aquitaine. Ces marques de votre zele, et l'assurance que vous donnés de la joye que les Jurats et les habitans de la ville de Bordeaux auront de cette Dedicace en ce quelle sera un monument de leur fidelité et de leur attachement à la famille Royalle ont été agreables à S. M. Elle trouve bon de ne point priver les Jurats de certains honorifiques que l'usage a introduit en pareilles occasions, qui sont peut-être purement gratuits, ou qui peuvent avoir pour objet de les indemniser de quelque depense que la feste occasionne.

On ne peut, Monsieur, vous honnorer plus parfaitement que je le fais,

St-FLORENTIN.

M. de Tourny.

(*Archives départementales de la Gironde, C. 3619.*)

V

JURADE DE BORDEAUX RELATIVE A LA NAISSANCE DU DUC D'AQUITAINE

Du Mercredi, 26 Septembre 1753.

A Ete remis sur le Bureau deux paquets de la Cour Contresignes Lun de Mgr le Comte d'Eu et l'autre de Mᵍʳ le Comte de Sᵗ Florentin Desquels ouverture ayant ete faite et lecture du contenu en iceux il a été Delibéré que le tout seroient enregistre ainsy que sen suit.

A Versailles, le 21 Septembre 1753.

Messieurs les Maire, Soumaire, et Jurats Gouverneurs de Bordeaux, la naissance de Monsieur le Duc D'aquitaine, dont Madame la Dauphine est heureusement accouchée renouvelle la joye de toute la France qui voit augmenter la famille Royalle, pour la conservation de laquelle elle ne cesse de faire des vœux, je vous envoye la lettre que le Roy vous fait l'honneur de vous écrire sur ce sujet, afin que vous et tout le peuple rendies au Ciel de très humbles actions de grâces, et que vous fassies toutes les rejouissances publiques pour un Evenement si heureux, je suis persuadé que vous avez toujours le même zèle pour le bonheur de l'Etat, et que vous en donneres de nouvelles marques dans cette occasion. Vous connoisses, Messieurs les Maire, Soumaire et Jurats Gouverneurs de Bordeaux, la sincérité avec laquelle je suis, Votre affectionné à vous servir.

L. C. DE BOURBON.

Suit la teneur dudit ordre Du Roy

11.

De par le Roy

Tres chers et bien ames, nous donnons nos ordres aux Archeveques et Eveques de notre Royaume de faire chanter le Te Deum dans toutes les Eglises de leurs Dioceses a l'occasion de la naissance d'un Prince dont notre très chere fille la Dauphine est accouchée, et vous faisons cette lettre pour vous mander et ordonner de vous rendre a celuy qui sera celebré dans l'Eglise principalle de votre ville de Bordeaux, et ensuite faire faire des feux de joye, et tirer le canon, ainsy qu'il est accoûtumé en pareil cas pour marque de réjouissance publique. Donné a Versailles le 8 Septembre 1753. (Signé) Louis (et plus bas) Phelypeau (Et au dos est écrit) A nos tres chers et bien amés Les Maire, soûmaire, et jurats Gouverneurs de notre ville de Bordeaux.

Suit la teneur de la lettre de Mgr le Comte de St Florentin.

A Versailles, le 20 Septembre 1753.

Messieurs   M. De Tourny en prevenant de quelques jours L'heureux evenement de la naissance de M. le Duc d'Aquitaine s'étoit ouvert a moy sur le projet de la Dedicace de la nouvelle porte a construire en la place de celle de St Julien en l'honneur de ce

Prince, si Dieu l'accordoit aux vœux de la France, j'ay été en état aussitôt de parler au Roy de ce zele prevoyant de M. De Tourny et de l'assurance qu'il donnoit en meme tems de la joye que L'hotel de ville et tous les habitans de Bordeaux auroient de cette dedicace, je fais scavoir a M. De Tourny que le Roy la eue agreable. J'ay aussy rendu compte a Sa Majeste de votre zele.

Je suis

Messieurs

Votre tres affectionne a

vous servir (signé)

S¹ FLORENTIN.

Mʳˢ Les Maire, Soûmaire et Jurats Gouverneurs de Bordeaux.

(*Archives municipales de Bordeaux. Registre de la Jurade de 1753-1754, folios 83-84.*)

VI

LETTRE DU GARDE DES SCEAUX A M. DE TOURNY

A Versailles, Le 22 Septembre 1753.

MONSIEUR,   Les Jurats de Bordeaux m'ayant ecrit pour demander qu'il leur fust permis de donner le nom de M.

le Duc d'Aquitaine a la Porte de St Julien qui
doit être incessamment construite à Bordeaux,
J'en ay rendu compte au Roy Et Sa Majesté
l'a approuvé. Je viens de leur répondre en
conformité Et je vous en fais part afin que
vous en soyez prevenu lorqu'ils vous en parleront
S'ils ne l'ont pas dejà fait

Je suis

Monsieur

Votre affectionné serviteur

MACHAULT

M. de Tourny

(Archives départementales de la Gironde C. 3619)

VII

LETTRE DE M. DE TOURNY AU GARDE DES SCEAUX

Mgr le Garde des Sceaux

Bordeaux ce 29 Septembre 1753

MONSEIGNEUR,

Je suis bien sensible a la bonté que vous avés
de m'informer que les Jurats de Bordeaux vous
ont ecrit pour demander qu'il leur fût permis de
donner le nom de M^r le Duc D'Aquitaine a la

porte St Julien qui doit etre incessamment construite en cette ville et que Sa Majesté l'aprouve.

Ce n'est point à eux, Monseigneur, a qui en
est venue l'idée comme vous verrés par la copie
de ma lettre du 8 de ce mois à M^r le Comte de
St Florentin, et par sa reponse du 20. Je me
serois en même temps adressé à vous, si je
n'avois craint que ce ministre ne pensât que
pareille chose le devoit seúl regarder ; J'ay regret
de ne l'avoir pas fait.

Puisqu'il est question de cette affaire me
permettriez vous, Monseigneur, de vous prier de
donner quelque attention au dernier article de ma
lettre a M. le Comte de St Florentin et de sa
reponse, sans que cela puisse me compromettre,
car vous sçavés que je suis toujours en crainte
avec luy sur ce qui concerne les Jurats. Mon
intention n'etoit point de l'inviter a les priver de
leurs honorifiques ordinaires, mais de les reduire
a une seule robe chacun au lieu de deux qu'ils
s'attribuerent, Il y a deux ans, sur le pretexte qu'il
se faisoit deux ceremonies en même temps, l'une
de rejouissance pour la naissance d'un Dauphin,
l'autre de la dedicace d'une porte en son honneur,
Ils en voudront faire de même cette année suivant les apparences

J'ay l'honneur d'être, etc...

Honorifiques dont il est question

Pour deux robes des 6 Jurats, Sousmaire, procureur sindic et clerc de ville sur
le pied de 800 l. . . . . . . 7200 l.
En sucre, confitures, bougies,
caffé, vin, &ᵃ a chacun des 9
pour 246 l. 5 s. . . . . . . 2216 l. 5 s.

9416 l. 5 s.

C'est du dᵉʳ article seulement que l'usage attri-
bue a M. l'Intendant une double portion faisant
par consequent 492 l. 10 s. .

(*Archives départementales de la Gironde, C. 3619.*)

VIII

JURADE DE BORDEAUX RELATIVE A LA PORTE D'AQUITAINE

Du Samedi, 29 Septembre 1753.

Sont entrés en jurade Messieurs De Galatheau,
Reynal, Baulos, Dussault De Sᵗ Laurent,
Queyreau, Rulleau jurats, Thibaut procureur
sindic de la ville et Chavaille Clerc secretaire et
greffier de l'hôtel de ville.

A Eté remis sur le Bureau un paquet de la

Cour Contresigné Machault duquel ouverture ayant été faite c'est trouvé contenir une lettre de Mᵍʳ De Machault et après que lecture en a été faite il a été deliberé qu'elle seroit enregistrée ainsy que sen suit.

A Versailles, Le 22 Septembre 1753.

MESSIEURS , J'ay rendu compte au Roy de la permission que vous demandes de donner le nom de M. le Duc D'aquitaine a la porte que vous vous disposes a faire construire a la ville de Bordeaux. Sa Majesté a reçu avec bonté votre proposition et vous permet de la mettre à execution.

Je suis Messieurs votre affectionné a vous servir

(Signé) MACHAULT

Mʳˢ les Maire, Soûmaire et Jurats de Bordeaux.

(*Archives Municipales de Bordeaux. Registre de la Jurade 1753-1754 fº 85.*)

IX

LETTRE DU CORPS DE VILLE DE BORDEAUX AU
COMTE DE SAINT-FLORENTIN

A Bordeaux le 9 Octobre 1753.

MONSEIGNEUR,

Le Parlement ayant terminé sa seance avant l'arrivée des ordres de Sa Majesté touchant les rejouissances que la ville doit faire pour celebrer l'heureuse naissance de Mgr le Duc D'aquitaine, cette fête a été remise apres la rentrée du Parlement.

Le Dezir que nous aurions, Monseigneur, de signaler notre zele et celuy de tous nos concitoyens dans une occasion aussy interessante pour cette capitale et pour toute la Province se trouve un peu gené par ce qui s'est passé a la naissance de Mgr le Duc de Bourgogne, la ville ne fit pas tirer de feu d'artifice. Un simple bucher, des illuminations, des fusées, plusieurs decharges, telles furent, Monseigneur, les expressions de notre joye. Elle eut eclaté par des fetes plus brillantes si Mr de Tourny n'avoit communiqué a nos predecesseurs une lettre par laquelle vous lui marquiés, Monseigneur, que l'intention de Sa

Majesté etoit que les depenses que la ville destinoit pour celebrer la naissance de Mgr le Duc de
Bourgogne fussent employées a marier des filles
et a soulager les pauvres, ce qui fut executé.

Les choses, Monseigneur, ont changé de face,
le tems n'est plus aujourd'huy si dur, les nouvelles
publiques nous annoncent que plusieurs villes ont
deja celebré par des fêtes eclatantes la naissance
de Mgr le Duc Daquitaine ; nous vous suplions
très respectueusement, Monseigneur, de nous
permettre de faire éclater notre zele et celui de
nos habitans dans une occasion si memorable pour
cette Province. L'embarras de M. de Tourny ne
vient que de ce qui s'est passé lors de la naissance
de Mgr le Duc de Bourgogne. Les fêtes les plus
brillantes auroient signalé la joye que nous causoit
un si heureux evenement si vos ordres, Monseigneur ne nous avoient arrêté, et si conformement
a ces mêmes ordres, nous n'avions employé en
des charités les fonds destinés aux rejouissances
publiques.

Nous avons l'honneur de vous envoyer, Monseigneur, un relevé de nos registres qui contient
tout ce qui fut fait a cet egard et nous attendons
vos ordres pour determiner avec M^r De Tourny
ce qu'il convient de faire pour celebrer dignement
l'auguste naissance d'un prince qui porte le nom

d'une grande Province dont notre ville est la Capitale, il nous seroit difficile, Monseigneur, de vous exprimer l'impatience avec laquelle tous nos habitans attendent ce grand jour qui leur permettra de faire éclater a lenvie leur zele et les transports dont ils sont animés et de transmettre a la posterité la plus reculée la memoire d'un evenement qui comble leurs vœux en pozant les fondements de la porte que vous nous avez permis delever sous le nom et les auspices de l'auguste Prince nouveau-né.

Daignés, Monseigneur, nous faire scavoir si vous aprouvez que nous fassions tirer un feu d'artifice dont les emblemes caracteriseront la fete que nous nous proposons de donner, que le spectacle soit suivi d'un bal public dans la salle du spectacle qui fait partie de l'hotel de ville, quoiqu'il n'y ait eu ny feu d'artifice ny bal pour la naissance de Mgr le Duc de Bourgogne, Mr de Tourny dont le zele est egal au notre est très dispozé a signaler ce jour par les rejouissances les plus eclatantes, il ny trouve que cette seule difficulté. Nous avons eu l'honneur, Monseigneur, de vous en marquer les motifs. Nous n'attendons que vos ordres pour nous determiner dans le peu de temps qui nous reste jusqu'a la rentrée du parlement.

Nous sommes avec un très profond respect
Monseigneur
    Vos très humbles et très obeissans
    serviteurs   Les   maire   soûmaire
    et jurats Gouverneurs de Bordeaux

(Signé) CHAVAILLE

(*Archives départementales de la Gironde C. 3619*).

X

LETTRE DU COMTE DE St-FLORENTIN AU CORPS

DE VILLE DE BORDEAUX.

A Fontainebleau, le 12 Octobre 1753.

MESSIEURS   J'ay
informé le Roy de la joye que vous avez marqué de l'heureux evenement de la naissance
de Mgr le Duc D'aquitaine, et de l'empressement
que vous avez d'en rendre les temoignages publics
par des fetes eclatantes, Sa Majesté satisfaite de
votre zele, aprouve seulement que dans cette
nouvelle occasion d'allegresse publique la ville de
Bordeaux fasse un simple bucher, qu'il y ait des
illuminations et qu'on fasse plusieurs decharges

d'artillerie, comme il en fut uzé a la naissance de Mᵍʳ le Duc de Bourgogne.

Je suis

Messieurs

Votre très affectionné à
vous servir

Sᵗ Florentin

Mʳˢ les Maire, Soumaire et Jurats Gouverneurs de la ville de Bordeaux.

(*Archives départementales de la Gironde, C. 3619.*)

XI

JURADE DE BORDEAUX RELATIVE AUX FÊTES
EN L'HONNEUR DU DUC D'AQUITAINE

Du Samedi 17 Novembre 1753.

Sont entres en jurade Messieurs de Segur soumaire, De Galatheau, Reynal, Baulos, Dussault De Sᵗ Laurent, Queyreau, Rulleau jurats, Thibaut Procureur sindic de la ville et Chavaille Clerc Secrétaire et Greffier de l'Hotel de ville.

Sur ce qui a eté representé par le Procureur Sindic de la ville, que le Roy ayant envoyé ses ordres d'assister au Te Deum qui doit etre chanté

demain dans l'Eglise Metropolitaine St André,
pour rendre grâce à Dieu de l'heureux accouchement de Madame la Dauphine et de la naissance
de Monseigneur le Duc D'aquitaine, et Sa Majesté
ayant en même temps accordé à la ville de
Bordeaux la permission de consacrer la joye que
cette ville ressent en particulier de cet heureux
événement, en elevant la nouvelle Porte de
St Julien sous les auspices du Prince nouveau né
et luy donnant son nom, il convient d'ordonner à
tous, Bourgeois, manants et habitans de la presente ville et faux bourgs d'icelle de se rendre en
personne, le jour de demain, à l'heure qui leur sera
indiquée, sous le Drapeau du Capitaine de leur
quartier, pour assister tant à la Ceremonie de la
Dedicace de la susdite Porte de St Julien qu'au
feu de joye qui sera fait au devant du présent
hôtel de ville ; comme aussy d'enjoindre à tous les
habitans de quelque état qualité et condition qu'ils
soient, de mettre le soir du même jour et pendant
la nuit des illuminations à leurs fenêtres, le tout
a peine de cinq cens livres d'amende et de privation de Bourgeoisie : Requiert pareillement qu'il
soit enjoint à tous les Maitres de navire qui sont
dans le Port et havre de la presente ville de faire
tirer tous les canons qu'ils auront dans leur bord,
pendant la ceremonie de la Dedicace de la susdite

porte et de faire des illuminations sur leurs vaisseaux pendant la nuit.

THIBAUT

P^r S^{dic} de la ville

(Ordonnance pour faire mettre sous les armes à l'occasion de la rejouissance pour la naissance de Mgr le Duc d'Aq.)

Sur quoi les Maire, Soumaire et Jurats, Gouverneurs de Bordeaux, juges criminels et de police, faisant droit du Requisitoire du Procureur Sindic de la ville, enjoignent à tous Bourgeois, manans et habitans de la presente ville et fauxbourgs d'icelle, de se rendre en personne le jour de demain, à l'heure qui leur sera indiquée, sous le Drapeau du Capitaine de leur quartier, pour assister tant a la Ceremonie de la Dedicace de la Porte de St Julien, et ensuite au feu de joye, qui sera fait au devant du present hotel de ville : enjoignent aussy a tous les habitans de quelque état, qualité et condition qu'ils soient, de mettre le soir du même jour et pendant la nuit, des illuminations a leurs fenêtres, et a tous les maîtres de navire, qui sont dans le Port et havre de Bordeaux, de faire tirer tous les canons qu'ils auront dans leur bord, pendant la Cérémonie de la Dedicace de la Porte de St Julien, et de faire

des illuminations sur leurs vaisseaux pendant la
nuit le tout a peine de cinq cens livres d'amande
et de privation de Bourgeoisie : Et afin que la
presente Ordonnance soit notoire a tous, elle sera
lue, publiée et affichée a son de trompe, par tous
les cantons et carrefours de la presente ville et
fauxbourgs d'icelle, notamment sur le Port et
havre et partout ou besoin sera.

DE GALATHEAU *jurat*   REYNAL *jurat*
DUSSAULT DE Sᵗ LAURENT *jurat*   QUEYREAU *jurat*

(*Archives municipales de Bordeaux. Registre de la
Jurade de 1753-1754, folios 95-96.*)

XII

INVITATION DU PARLEMENT AU CORPS DE VILLE
D'ASSISTER AU TE DEUM

Est entré dans la Chambre du Conseil un huissier de la Cour lequel a dit a Messieurs les Soumaire et Jurats que la Cour avoit indit le Te
Deum en action de grace de la naissance de
Monseigneur le Duc Dacquitaine a Dimanche a
quatre heures de relevée et que la Cour prioit
Messieurs les Jurats dy assister, ledit huissier etoit
en robe bonnet et collet.

(*Archives municipales de Bordeaux. Registre de la
Jurade 1753-1754, folio 96.*)

XIII

REJOUISSANCE A BORDEAUX A L'OCCASION DE LA
NAISSANCE DE Mgr LE DUC D'ACQUITAINE

Du Dimanche 18 Novembre 1753.

De Relevée

Sont entrés en la Chambre du Conseil Messieurs De Galatheau, Reynal, Baulos, Dussault De Saint Laurens, Queyreau, Rulleau jurats, Thibaut Procureur sindic de la ville et Chavaille Clerc Secretaire et Greffier de l'hôtel de ville.

Le huit du mois de Septembre dernier Madame la Dauphine setant heureusement accouchée d'un Prince, cette agreable nouvelle qui comble les vœux de toute la France, parvint à Bordeaux le onze du même mois des le matin, par l'arrivée d'un courrier extraordinaire, que la Cour envoyoit a Madrid, quoique ce courrier neut aucune depeche particuliere pour Bordeaux, les circonstances qui accompagnoit les ordres dont il étoit chargé parurent assez frapantes pour constater la verité. Messieurs les jurats en furent instruits s'assemblèrent sur le champ a l'Hotel de Ville, et delibererent dannoncer aux habitans un evenement qui repondoit a leur attente et combloit leurs desirs, ils manderent les officiers dartillerie, donnerent les

ordres de preparer le canon, les fusees, les illuminations pour l'hotel de ville et pour sonner la
grande Cloche qui ne cessa de sonner qu'a six
heures du soir, et on fit plusieurs décharges de
canon jusques bien avant dans la nuit, environ
les sept heures du soir toute (*sic*) l'hotel de ville
fut illuminée, et bien tôt apres on jetta une quantite
considerable de fusées, chacun de Mrs du Corps
de ville fit egalement illuminer sa maison pendant
toute la nuit, les habitans de cette ville et fauxbourgs furent charmes d'apprendre une aussy
heureuse nouvelle, firent aussy illuminer leurs
maisons.

En execution des ordres du Roy pour assister
au Te Deum et faire faire le feu de joye pour la
naissance de Monseigneur le Duc D'acquitaine
dont le jour a été fixé a ce jourd'huy, attendu la
vacquation du Parlement, vers les Trois heures
de Relevée Messieurs les jurats, Procureur Sindic
et Clerc de ville sont partis du present hôtel de
ville avec leur Robe de livrée precedés du Cortege
ordinaire, la Cloche sonnant, et se sont rendus dans
L'Eglise St André où ils ont assisté au Te Deum
qui a été chanté par la musique et auquel Mgr
Larchevêque a officié pontificalement et ce en
action de grâce de la naissance de Monseigneur
le Duc Dacquitaine et a la fin du Te Deum

12.

a été crié vive le Roy accompagné du son des trompettes de la ville M^rs les Jurats ainsy que les autres Corps et Compagnies ayant pris leurs places ordinaires et suyvant L'uzage, en suite de quoy se sont retires et a eté observé en sortant de l'Eglise ce qui est rapporté au registre du 19 Mars 1733.

Au sortir du Te Deum Messieurs les jurats, Procureur sindic et clerc de ville, se sont rendus avec tout le Cortege a l'hotel de ville, ou etant arrives ils ont envoyé un Chevalier du Guet et six soldats a Monsieur De Tourny, qui n'a pas tardé de se rendre à l'hôtel de ville, ou il a eté receu a la premiere porte dentree des salles par Messieurs Thibaut et Chavaille, a la porte dentree de la chambre du Conclave par Messieurs Queyreau et Rulleau jurats, et par Messieurs Les jurats, Procureur Sindic et Clerc de ville dans la Chambre du Conclave.

Bientôt apres, Messieurs les jurats, Procureur Sindic et Clerc de ville sont partis de L'hôtel de ville en Robe de Ceremonie, ayant à leur tête M^r De Tourny, qui marchoit au milieu de Messieurs De Galatheau et Reynal jurats, et se sont rendus avec les huissier, herraud, fourrier et massier sur la nouvelle place, étant sortis par la porte Royale de l'hotel de ville, ayant passé sur les fossés, rue Bouhaut et rue St Julien au milieu des troupes Bourgeoises qui bordoient de tous cotes depuis laditte porte Royale jusques a la porte St Julien.

Parvenus sur la place St Julien ou partie des troupes bourgeoises etoient rangées en bataille, ils ont pozé la pierre fondamentalle de la porte et place que la ville a dédié a l'heureuse naissance de Mgr le Duc D'Acquitaine et dans laquelle doivent être pozées les medailles qui seront incessament frapées pour transmettre a la posterité la plus reculée ce pretieux monument.

Jamais on n'a veu tant des marques d'allegresse et de satisfaction de la part des habitans, les cris redoublés de vive le Roy, Monseig^r le Dauphin et toute la famille royale n'ont pas discontinué non plus que le feu du canon tant de la ville que des vaisseaux et de la mousqueterie. Mr Lintendant et M^{rs} les jurats, Procureur Sindic et Clerc de ville sont entrés dans une maison qui est sur la place et qui avoit eté preparée, ils y ont dressé le proces verbal qui sera transcrit cy apres.

Après quoy Mr Lintendant s'etant retiré et M^{rs} les jurats, Procureur Sindic et Clerc de ville se sont rendus au present hôtel de ville precedés des huissier, heraud, fourrier, massier, Trompettes de la ville et de la Simphonie. Et les troupes

Bourgeoises se replierent a la suite de M^rs les jurats qui leur ont donné le temps de se renger sur la place du May.

Bientôt après M^rs les jurats, Procureur Sindic et Clerc de ville sont sortis de nouveau de l'hôtel de ville par la Porte Royalle, passant au milieu d'une double haye des troupes Bourgeoises qui bordoient depuis laditte Porte jusqu'a la place Ste Eliege, ou étoit dressé un bucher et apres en avoir fait deux ou trois fois le tour, Mr de Gala-theau y a mis le feu le premier avec un flambeau de cire blanche garni d'une poigne de velours cramoisy bordée dune crepine d'or, a lentrée de la nuit l'hôtel de ville a été illuminée magnifi-quement, et M^rs les jurats ont fait tirer des fusées.

(*Archives Municipales de Bordeaux. Registre de la Jurade 1753-1754, folios 97 et suiv.*)

XIV

PROCES VERBAL DE LA DEDICACE DE LA PORTE
ET PLACE AUTRE FOIS DE St JULIEN DEDIÉE A
MONSEIGNEUR LE DUC D'ACQUITAINE

L'an mille sept cent cinquante trois, et le dix-huit du mois de novembre jour fixé pour chanter le Te Deum et pour les rejouissances publiques a

loccasion de la naissance de Monseigneur Le Duc
D'acquitaine Messieurs Joseph de Segur, chevalier
vicomte De Cabanac, Baron D'Arsac et de Belle-
fort, seigneur en partie de Parampuyre Ste Helenne
et autres lieux, soûmaire, François Joseph De
Galatheau Chevalier baron De Lislle Delalande
seigneur De fleyx, Pierre André Reynal avocat en
la Cour, François Paul Baulos, Citoyen Sindic des
Pauvres et l'un des administrateurs de L'hopital
St André, Charles De Bodin Dussault chevalier
seigneur de St Laurens, Delaroudelie Brie fontau-
din et autres lieux, Jean Baptiste Queyrau avocat
en la Cour, Jean Rulleau negociant, jurats, Jean
François Thibaut Ecuyer Procureur Sindic, et
Pierre Chavaille Ecuyer Clerc Secretaire et Greffier de l'hôtel de ville, revetus de leurs Robes de
Ceremonie apres avoir assisté au Te Deum qui
vient d'être chanté dans l'Eglise Metropolitaine
Saint André pour remercier Dieu de l'heureuse
naissance du Prince qu'il luy a plu donner aux
vœux de Toute la France, sont partis de L'hotel
de ville environ les cinq heures du soir, la cloche sonnant, ayant a leur tete Monsieur Louis
Urbain Aubert chevalier marquis De Tourny,
Baron de Selongay, Seigneur De Pressaigny,
Mercy, Lafalaise, Carcassonne Lambroise, Leure-
nil, Pierrefitte et autres lieux, Conseiller du Roy

en ses conseils, Maitre des Requettes ordinaire de
son hotel, Intendant de justice, police et finance
en la Géneralité de Bordeaux, et se sont rendus
avec leur cortége ordinaire sur la place de Sᵗ
Julien ou la ville de Bordeaux est a meme de
jetter les fondemens d'une nouvelle Porte et place,
ayant fait leur marche sur la ruë Bouhaut qui
conduit a laditte Porte ; Les troupes Bourgeoises
etant sous les armes, partie rangees en double
haye depuis la porte Royale de l'hôtel de ville le
long des fossés, partie en Bataille sur laditte place,
et après plusieurs decharges de mousqueterie et
de canon tant de la ville que des vaisseaux ont
conformement a la permission accordee par Sa
Majesté fait la dedicace de laditte place a L'heureuse naissance de Monseigneur le Duc D'acquitaine comme un pretieux monument de l'amour,
du respect et de la soumission dont les habitans
de la ville de Bordeaux sont remplis pour le Roy,
pour Monseigneur Le Dauphin et pour toute la
famille Royalle, ayant a cet effet pozé la pierre
fondamentale de ladite porte dans laquelle seront
depozées les medailles qui doivent être frappées
incessament, Monsieur De Tourny, Messieurs les
Soûmaire, jurats, Procureur Sindic et secrétaire
de la ville ayant mis chacun par rang un peu de
mortier sur la pierre, même donné quelques coups

de marteau, le tout au bruit des tambours, fifres, trompettes, decharges de mousqueterie et de canon souvent reitérées et des acclamations de vive le Roy et toute la famille Royalle, les habitans ayant marqué une joye et un contentement parfait de ce monument pour annoncer a la postérité la plus reculée les sinceres mouvemens de leurs cœurs et de leur amour et de leur respect, en consequence la place et Porte de St Julien s'appelleront a l'avenir Place et porte D'acquitaine, fait sur les lieux ledit jour mois et an que dessus. Ainsy signés Aubert de Tourny, Segur Soûmaire, De Galatheau jurat, Reynal jurat, Baulos jurat, Dussault De St Laurent jurat, Queyreau jurat, Rulleau, jurat, Thibaut Procureur Sindic de la ville et Chavaille Clerc de la ville.

(*Archives municipales de Bordeaux. Registre de la Jurade de 1753-1754, folios 99 et suiv.*).

XV

LETTRE DU CORPS DE VILLE DE BORDEAUX
AU GARDE DES SCEAUX ET AU COMTE DE St FLORENTIN

Du Mardy 20 Novembre 1753.

Sont entrés dans la Chambre du Conseil Messieurs De Segur Soûmaire, De Galatheau, Reynal,

Baulos, Dussault de St Laurent, Queyreau, Rulleau jurats, Thibaut procureur sindic de la ville et Chavaille Clerc secretaire et greffier de L'hôtel de ville.

A été Deliberé qu'il sera ecrit une lettre a Mgr le Garde des Sceaux et Controlleur general des finances et a Monseigneur le Comte de St Florentin ministre de la province, au sujet des réjouissances faites à Bordeaux à l'occasion de lheureuse naissance de Monseig^r le Duc Dacquitaine et dont la teneur s'en suit.

Lettre ecrite a Mgr le Garde des Sceaux et Controlleur General des finances et a Mgr le Comte de St Florentin au sujet des réjouissances données à Bordeaux a loccasion de la naissance de Mgr le Duc D'Acquitaine.

A Bordeaux Le 20 Novembre 1753.

MONSEIGNEUR,

La joye que les habitans de Bordeaux firent eclater a la premiere nouvelle des heureuses couches de Madame la Dauphine et de la naissance de Monseig^r le Duc D'acquitaine s'est encore mieux manifestée le jour du Te Deum et de la Dedicace que la ville a fait a la naissance de cet auguste Prince, de la porte et place dont elle

commence les fondements sous ses heureux auspices.

Samedi dernier dix sept Septembre le parlement
nous ayant fait scavoir que le Te Deum seroit
chanté le landemain a trois heures de Relevée,
nous rendimes le même jour une ordonnance dont
nous avons l'honneur de vous envoyer une copie.

Le landemain après midy vers les trois heures
nous partimes de l'hôtel de ville avec tout le Cortège et nous nous rendimes a l'Eglise Métropolitaine de St André ou toutes les Cours étoient
assemblées. Monseigr L'archeveque officia pontificalement au Te Deum qui fut chanté par la
musique, et pendant lequel le canon de la ville
fit plusieurs decharges, et cette ceremonie finit
par des cris redoublés de vive le Roy.

Au sortir du Te Deum nous nous rendimes a
pié a l'hôtel de ville dans le même ordre que nous
en étions sortis, et pendant que les troupes bourgeoises prenoient leurs postes nous envôyames a
Mr De Tourny un chevalier du guet et la garde
ordinaire, il se rendit a l'hôtel de ville ou nous le
recumes avec les ceremonies accoûtumées, nous
partimes bientot après en corps avec tout le Cortege, Mr De Tourny etant avec nous, et nous
nous rendimes sur la nouvelle place ou nous
posames la premiere pierre fondamentale de la

porte et place que nous avons dedié à l'heureuse naissance de Monseig^r le Duc D'acquitaine et dans laquelle doivent être depozées les medailles qui seront frapées pour transmettre a la posterité ce pretieux monument.

Jamais, Monseigneur, on n'a veu tant de marques d'allegresse et de satisfaction de la part des habitants les cris redoublés de vive le Roy et toute la famille Royale ne discontinuèrent pas, non plus que le feu du canon et de la mousqueterie, nous en dressames un procès-verbal dont nous avons l'honneur de vous envoyer une copie.

Les illuminations pendant la nuit ont été magnifiques il y a eu quantité de fusées et plusieurs decharges de canon, on peut dire que les Bordelois n'ont rien negligé pour repondre a nos soins et a nos dezirs.

Ozerons-nous nous flatter, Monseigneur, que content des marques de notre zele vous voudres bien couronner cette auguste ceremonie par la même grace que vous avez bien voulu faire accorder a la ville dans de semblables circonstances, c'est la noblesse en faveur de ceux d'entre nous qui ne sont pas decorés de ce titre. Cette nouvelle faveur sera, Mgr, la marque la plus eclatante de la satisfaction de Sa Majesté pour notre zele et pour celuy de nos habitans, daignés Monseigneur nous donner dans cette occasion une nouvelle preuve des bontés et de lillustre protection dont vous daignés nous honnorer, nous nous efforcerons de les meriter par un redoublement de zele et d'application a nos devoirs.

Nous sommes avec un trés profond respect Monseigneur

Vos trés humbles et trés obeissans serviteurs Les Maire Soûmaire et jurats gouverneurs de Bordeaux.

(Signé) CHAVAILLE.

(*Archives municipales de Bordeaux. Registre de la Jurade de 1753-1754, folios 101 et suiv.*).

XVI

LETTRE DE M. DE TOURNY AUX CONSULS D'AGEN

28 Septembre 1753. Copie de la lettre de M. l'Intendant à l'occasion de la naissance de Mgr le duc d'Aquitaine.

Sa Majesté ayant, Messieurs, fait expedier les ordres nécessaires pour le Te Deum qui doit être chanté en actions de graces de la naissance de Mgr le duc d'Aquitaine, son intention est que ses officiers de ville assistent à cette cérémonie et y fassent succeder les feux de joie et autres réjouissances publiques accoutumées en pareille occasion. Je compte que vous ne manquerez point de satisfaire à l'un et à l'autre. Je suis, Messieurs, votre très humble et très affectionné serviteur, signé DE TOURNY.

M^rs les maire et consuls d'Agen.

(*Archives municipales d'Agen*, BB. 77.)

XVII

RÉJOUISSANCES FAITES A AGEN A L'OCCASION DE LA NAISSANCE DU DUC D'AQUITAINE

Le 13 octobre 1753, M. l'évêque auroit envoyé le sieur Argenton, son secrétaire, pour nous communiquer une lettre du Roy au subjet de la naissance de Mgr le duc d'Aquitaine, lequel nous auroit ensuite dit que M. l'évêque avoit pris le lendemain jour de Dimanche pour faire chanter le Te Deum ; tout de suite nous nous sommes assemblés et avons deputé Mrs Molinier et Daribau pour aller à Monbran pour conférer avec M. l'évêque. Tout de suite nous avons fait avertir le sieur Marcot, marchand sirié [1] du présent hostel de ville, auquel nous avons remis la lettre de M. l'Intendant pour communiquer a M^rs les officiers du présidial.

[1] *Sic* pour cirier.

Le 14 octobre 1753, nous avons assistés au Te Deum qui s'est chanté à la chatédralle en actions de grâces de la naissance de Mgr le duc d'Aquitaine. Nous sommes partis de l'hostel de ville en robes, précédés des compagnies de millices bourgeoises et de notre guet, avec leur fusil, fourniment et bayonnettes, et de nombre de jurats qui s'estoient rendus à l'hostel de ville, qui estoient à la suite de Mrs les consuls. Après Te Deum nous avons esté mettre le feu au bucher qui a esté dressé à la place à la manière acoustumée. Ensuite nous sommes retournés à l'hostel de ville, précédés de notre guet ; les compagnies de millices bourgeoises venant après, les capitaines de cartié, ont fait le salut de l'esponton et les habitants ont fait une décharge en défillant en notre présence.

(*Archives municipales d'Agen*, BB. 77.)

XVIII

FÊTE CÉLÉBRÉE A BLAZIMONT POUR LA NAISSANCE DU DUC D'AQUITAINE

PAR ORDRE DE L'ABBÉ, SEIGNEUR DU LIEU

M. de Villefroy, professeur en Langue Sainte au Collége Royal, Abbé, Seigneur de l'Abbaye et Châtellenie de Blazimont, érigée en 721 pour le service personnel des Ducs d'Aquitaine, et en cette qualité premier Aumônier du Prince qui vient de naître, a donné récemment des marques éclatantes de son zele et de son attachement respectueux à la Famille Royale. Il a ordonné à son Juge de Blazimont de faire chanter solennellement un *Te Deum* en action de graces, pour la naissance de Monseigneur le Duc d'Aquitaine.

Le 27 Octobre dernier, la fête et les réjouissances furent annoncées à l'entrée de la nuit par le son des cloches. Le même jour M. Bonnet, Juge de Blazimont, avoit fait publier que le lendemain chaque habitant illuminât sa maison et fît un feu devant sa porte.

Le Dimanche 28, sur les dix heures, Dom Dupuy, Religieux de la Communauté, prononça un discours devant une nombreuse assemblée. Il s'étendit beaucoup sur la miséricorde du Seigneur, qui venoit d'accorder aux vœux des François un Prince dont la naissance assuroit de plus en plus la Couronne dans la Maison Royale : il fit ensuite l'éloge du Roi et de Monseigneur le Dauphin.

A deux heures après-midi, la Bourgeoisie qui forme deux Compagnies d'environ 50 hommes chacune, les Drapeaux déployés, se trouva sous les armes dans la place : MM. Augan, de Lisle et Boutet, Capitaines, étoient à leur tête ; ils partirent de là au bruit des tambours, fifres et autres instrumens, et marcherent vers l'Abbaye sur deux colonnes, commandés par M. Thouneuf, Major, qui fit mettre en haye cette troupe, lorsque les Religîeux de l'Abbaye vinrent au devant des Juges, Officiers de Justice et Jurats ; ces Magistrats furent introduits dans l'Eglise par Dom Prieur.

Les Musiciens que le Juge avoit fait venir de Bordeaux, chanterent en musique les Vêpres et le *Te Deum*, qui furent précédés et suivis de plusieurs décharges de mousqueterie.

Les deux Compagnies, les Juges, Officiers, Jurats et les Curés du voisinage qui y étoient invités, se rendirent dans le même ordre au lieu où étoit le feu de joie. M. Bonneau de Montauzier, Seigneur de Madaillan, Capitaine dans le Régiment de Bourbonnois ; et M. de Saint-Maudé de Donery, ancien Lieutenant de Cavalerie, Chevalier de S. Louis, qui avoient assisté au *Te Deum*, allumerent le feu avec MM. les Juges et Jurats.

On fit couler des fontaines de vin et distribuer du pain et de la viande au peuple ; le soir toutes les maisons furent illuminées.

La place dont les illuminations étoient ordonnées avec goût, formoit un coup d'œil des plus gracieux. L'on y avoit placé des inscriptions de

Vive le Roi, la Famille Royale, et Monseigneur
le Duc d'Aquitaine.

Après le feu tous les invités se rendirent chez
M. le Juge, où il y avoit deux tables de vingt
couverts, qui furent servies abondamment et
délicatement.

A la suite du souper, M. Bonnet, de son propre
mouvement donna un bal composé des personnes
de l'un et l'autre sexe les plus distinguées, qui
dura toute la nuit, aussi bien que les décharges
de mousqueterie que l'on répéta jusqu'au jour.

Cette fête s'est passée avec un ordre et une
tranquillité admirables. On eût pris tout le peuple
pour une seule famille uniquement animée du
désir de répondre aux sentimens de M. l'Abbé
et de témoigner comme lui à son Roi un attachement inviolable à tout ce qui l'intéresse.

(*Mercure de France, Janvier 1754.*)

XIX

ITINÉRAIRE A L'OCCASION
de Monseigneur le Duc d'Aquitaine, décédé à
Versailles le 22 février 1754 à midy précis.

On est parti de Versailles à sept heures du soir,
même jour, pour le transport du Corps aux Tuil-
leries, où il y est arrivé à neuf heures dudit jour.

Madame la comtesse de Marsan, Gouvernante des enfans de France, avec Madame de Butler sous-gouvernante, un aumônier du Roy, M[r] le curé de Versailles, étoient dans le même carosse que le Corps suivi d'un exempt, un brigadier et seize gardes du Corps.

Il y avoit deux carosses de suite, dans l'un desquels les femmes de chambre, dans l'autre les valets de chambre et garçons de la chambre.

M[r] le curé de St Germain l'Auxerrois, son clergé et les feuillans se sont trouvez au bas de l'escalier du vestibulle pour recevoir le corps.

Les valets de chambre et garçons de la chambre l'ont porté depuis le carrosse jusques dans le lit qui avoit été dressé pour le recevoir, lorsqu'il fut posé dans le lit quatre prêtres de St Germain, autant de feuillans, deux femmes de chambre, deux valets de chambre ont passé la nuit auprès du Corps.

Madame de Marsan s'est retirée dans son appartement, Madame de Butler s'est retirée chez elle.

Le 23 à sept heures du matin Mr de Latinville peintre est entré dans la pièce du dépôt pour peindre le prince, pendant quel temps une des femmes de chambre assise dans un fauteuil, le tenoit sur ses genoux avec un carreau, ce qui a

13.

duré jusqu'à onze heures et demy du matin même jour qu'il a été remis dans son lit.

A midy précis, Madame la Comtesse de Marsan aydée par Madame de Butler ont porté le corps dans la pièce d'assemblée, et l'ont posé sur deux planches, soutenues par des tretteaux, suivies des femmes de chambre, valets de chambre et huissiers de la chambre, M^{rs} de la faculté se sont trouvez pour en faire l'ouverture qui en a été faite par Mrs Loustouneaux père et fils.

Mr de la Martinière premier chirurgien du Roy a mis le cœur, après avoir été embaumé, dans une boëtte de plomb enveloppé d'une serviette sur un bassin d'argent, et l'a remis à Madame la Comtesse de Marsan qui a été présente pendant l'ouverture et l'embaumement.

Les entrailles ont été mises séparément dans une boette de plomb bien soudé et remis dans une boette de bois de chesne couverte d'une moire d'argent avec une inscription.

Le Corps a été mis dans un cercueil de plomb, et dans un cercueil de bois de chesne (garny idem).

Ce travail a duré depuis midy jusqu'à six heures du soir que le corps a été porté avec les entrailles, M. Desgranges Maître de Cérémonie présent, par des valets de chambre et huissiers sur une estrade posée au lieu et place des matelats du lit.

Le cœur a été porté par Madame la Comtesse de Marsan un quart d'heure après suivie de Madame de Butler et des femmes de chambre.

Les prestres avoient resté dans la pièce ou a été exposé le corps.

Le 24 on a dit des messes dans la chapelle depuis huit heures jusqu'à midy.

A onze heures du matin, Madame la comtesse de Marsan avec Madame de Butler et les femmes de chambre ont été se placer à côté du Corps du côté gauche.

L'exempt des Gardes du Corps du côté droit avec les valets de chambre jusqu'à une heure après midy pendant quel temps le public a défilé par les appartemens.

N^a. Il devoit y avoir un Aumonier et il ne s'y est point trouvé par les incertitudes de M. Desgranges.

A quatre heures du soir même jour, même cérémonie.

Le 25 on a continué à dire des messes dans la chapelle jusqu'à midy seulement.

S. A. S. Monseigneur le prince de Condé est arrivé à deux heures et demy précises après midy, accompagné de M^r le duc de Crussol et a mis pied à terre à l'appartement de Madame Bontemps, où il a été reçu par le Gouvernement.

Deux suisses étoient à la porte en dehors avec leur hallebarde pour empêcher la foule du peuple.

A trois heures Mr Desgranges, Maître des Cérémonies, est venu chercher le Prince qui a été conduit par le Gouvernement, passant par la gallerie pour aller dans la pièce ou étoit exposé le Corps. Madame la comtesse de Marsan étoit placée avec Madame de Butler et les femmes de chambre ainsi que l'exempt des gardes du corps avec les valets de chambre à leur place ordinaire.

Mgr le cardinal de Soubise a chanté le Laudate, en suite de quoy on s'est mis en marche dans l'ordre suivant.

Les Feuillans a la tête, avec le clergé de Saint-Germain l'Auxerrois, chacun un cierge à la main. N^a. Les Feuillans n'ont point passé la salle des gardes ; deux valets de chambre ont porté les entrailles jusqu'à l'entrée de la salle des gardes du corps où deux gardes les ont pris pour les porter dans le carosse.

Quatre gentilshommes ordinaires portoient le corps et quatre autres tenoient chacun un coin du poël depuis la pièce du Dépôt jusqu'au carosse.

Monseigneur le cardinal de Soubise portoit le cœur.

M. Desgranges la couronne suivi de S. A. S. Monseigneur le Prince de Condé, M^r le duc de

Crussol, Mesdames de Marsan, de Butler, les femmes de chambre et huissiers, on est parti à trois heures et demy presises.

Madame la Comtesse de Marsan, après avoir été conduire à St Denis, ensuite au Val de Grace est arrivée aux Tuileries à dix heures du soir, d'où elle est repartie le lendemain à cinq heures du soir pour Versailles.

ORDRE DE MARCHE

Pour le transport du Corps à St Denis

le 25 février 1754

Le Guet à cheval portant flambeaux.

Deux Gardes du Corps idem.

Le carosse des Gentilshommes de M^r le duc de Crussol.

Le carosse des Ecuyers de Madame de Marsan.

Le carosse des Aumoniers de M^r le cardinal de Soubise.

Le carosse des Ecuyers de M. le Prince de Condé.

Un carosse du Roy dans lequel les femmes de chambre.

Un 2e carosse de suite du Roy dans lequel les femmes de chambre et les huissiers.

Un 3e carosse du Roy dans lequel les huit gen-tilshommes ordinaires.

Ces trois carosses doivent être éclairés chacun par deux palfreniers à cheval.

50 Mousquetaires noirs avec des flambeaux.

50 Mousquetaires gris idem.

50 chevaux Legers idem.

6 pages de Madame la Dauphine sur deux files idem.

8 pages de la Reyne idem.

12 Pages de la grande écurie à droite idem.

12 Pages de la petite écurie à gauche conduits par leurs écuyers, idem.

Les officiers de cérémonie.

4 chevaux légers avec un brigadier à la tête des chevaux du carosse du Corps.

Le carosse du Corps entouré de 30 valets de pied du Roy avec des flambeaux.

Les officiers des Gardes du Corps.

Les Gardes du Corps avec des flambeaux.

50 Gendarmes   idem.

Le carosse de M^r le Prince de Condé.

Le carosse de Monseigneur le cardinal de Soubise.

Le carosse de Madame la comtesse de Marsan.

Le carosse de M^r le duc de Crussol.

(Archives départementales de Lot-et-Garonne, A. 3.)

XX

RELEVÉ SOMMAIRE

Fait sur les Etats de l'argenterie et des menus plaisirs et affaires de la Chambre du Roy depuis l'année 1753 pour connoitre les différentes sommes pour lesquelles chaque partie prenante est employée dans les dits Etats.

ANNÉE 1754

OBSÈQUES DE MONGʳ XAVIER

Argenterie

S. Imbert pʳ apotiquaire du
Roy [1]   1000 l.

---

[1] Suit la lettre par laquelle le sieur Imbert demande à l'intendant de l'argenterie l'allocation de ces mille livres pour l'embaumement du duc d'Aquitaine :

« Monsieur, tout ce que je puis avoir l'honeur de vous marquer au nom des quatres Pʳˢ apoticaires du Corps du Roy, est que l'on nous a passé l'embaumement de la premier Madame fille de Monsieur le Dauphin, morte le 27 Avril 1748 sur le pied de mil livres ; rien n'est diminué ; nous esperons que vous vouderés bien a voir la mesme bonté; jay l'honeur d'estre avec respect, Monsieur, vostre tres hum. ble et tres obeissant serviteur

IMBERT

A Versailles ce 4 Juin 1754

Bon a employer dans l'Etat des obseques de Mgʳ le duc d'Aquitaine pour la somme de mil livres, à Paris, ce 30 Octobre 1757

BLONDEL DE GAGNY »

(*Archives nationales oˡ 2995 Argenterie et Menus.*)

S. Delaleu m^d de toiles	182 l.	

S. Delaleu m^d de toiles   182 l.
S. Lucas plombier   175 l.
S. Roettier, orphevre [1]   283 l.
S. Sellier, m^d d'etoffes   240 l.
D^lle Ve Gallot, m^d de galons   101 l. 10 s.
D^lle Ve Maugerie, pelletier   72 l.
S. De Morh, chasublier   475 l. 13 s.

[1] Roettiers orfèvre ordinaire du Roy et graveur général en survivance de la Cour des Monnoyes et Chancellerie de France avait été en 1753 reçu membre de l'Académie de Peinture et de Sculpture. Il fournit le cœur de vermeil où fut enfermé le cœur du duc d'Aquitaine. Voici son mémoire :

« Fourny, pour le service du Roy menus plaisirs par ordre de Monsieur de Gagny Intendant de l'argenterie de Sa Majesté.

Le 25 février 1754.

Un cœur de vermeil et sa couronne pour la pompe funebre de Monseig^r le duc d'Aquitaine, pezant cy 1^m 7° 3^s., valans à 56^l 5 argent et controlé   108 l. 2 s.

Façon du cœur, de la couronne, armes et legendes,   200 l.

L'avoir doré d'or moulu, mis en couleur et bruny ainsy que la couronne à 50 l. le marc   100 l.

Total   408 l. 2 s.

Bon à employer dans l'état des obsèques de Mgr le duc d'Aquitaine pour la somme de deux cent quatre vingt trois livres.

A Paris ce 30 Octobre 1757.

BLONDEL DE GAGNY. »

(*Archives Nationales* o^1 *2995.*)

DEUIL AUX OFFICIERS DES CÉRÉMONIES

Au gᵈ maître des Cérémo-
nies   450 l.

Maître des Cérémonies (M.
des Granges)   .   450 l.

Un survivancier (M. de Gi-
seux)   .   450 l.

L'aide des Cérémonies (M.
de Bourlamaque)   .   275 l.

Un survivancier (M. de
Bourlamaque)   275 l.

L'exempt des gardes (M.
de Romainvillier)   200 l.

3 intendants de l'argenterie
et un survivancier (M. de
Gagny, M. de Curys, M. de
Fonpertuis et M. d'Azin-
court)   1600 l.

Menus

Officiers de fruiterie, quar-
tier de janvier   134 l.

S. Lucas, cy devant nommé   40 l.

S. Pleney, menuisier   72 l.

S. Vedy, serrurier   60 l.

Jurez crieurs   2644 l.

S. du Tour, peintre   240 l.

S. Vattier, mᵈ mercier   193 l. 15 s.

S. de la Porte gantier	177 l.
S. Liévin marchand épicier, cirier	5066 l. 18 s.
S. Berthelin de Neuville, chandelier	76 l.
Francisque , portier des Thuilleries	593 l. 9 s. 6 d.
S. Seguin tapissier	24 l.
S. Vincent , loueur de carosses	27 l.
S. Levêque, l'ainé	66 l. 14 s.
S. Sirois	16 l. 4 s.
S. Demonville (nourriture des officiers)	360 l.
L'exempt des gardes (du Roy)	820 l.
L'exempt des Cent Suisses	432 l.
S. Lheritier (gratifications à plusieurs)	2136 l.
Taxations	242 l.
Total	19650 l. 15 s. 7 d.

(Archives nationales o¹ 2934 reg. folios 17-18.)

TABLE

—

IV

Imprimerie Vᶜ Lenthéric

AGEN

Mai 1890

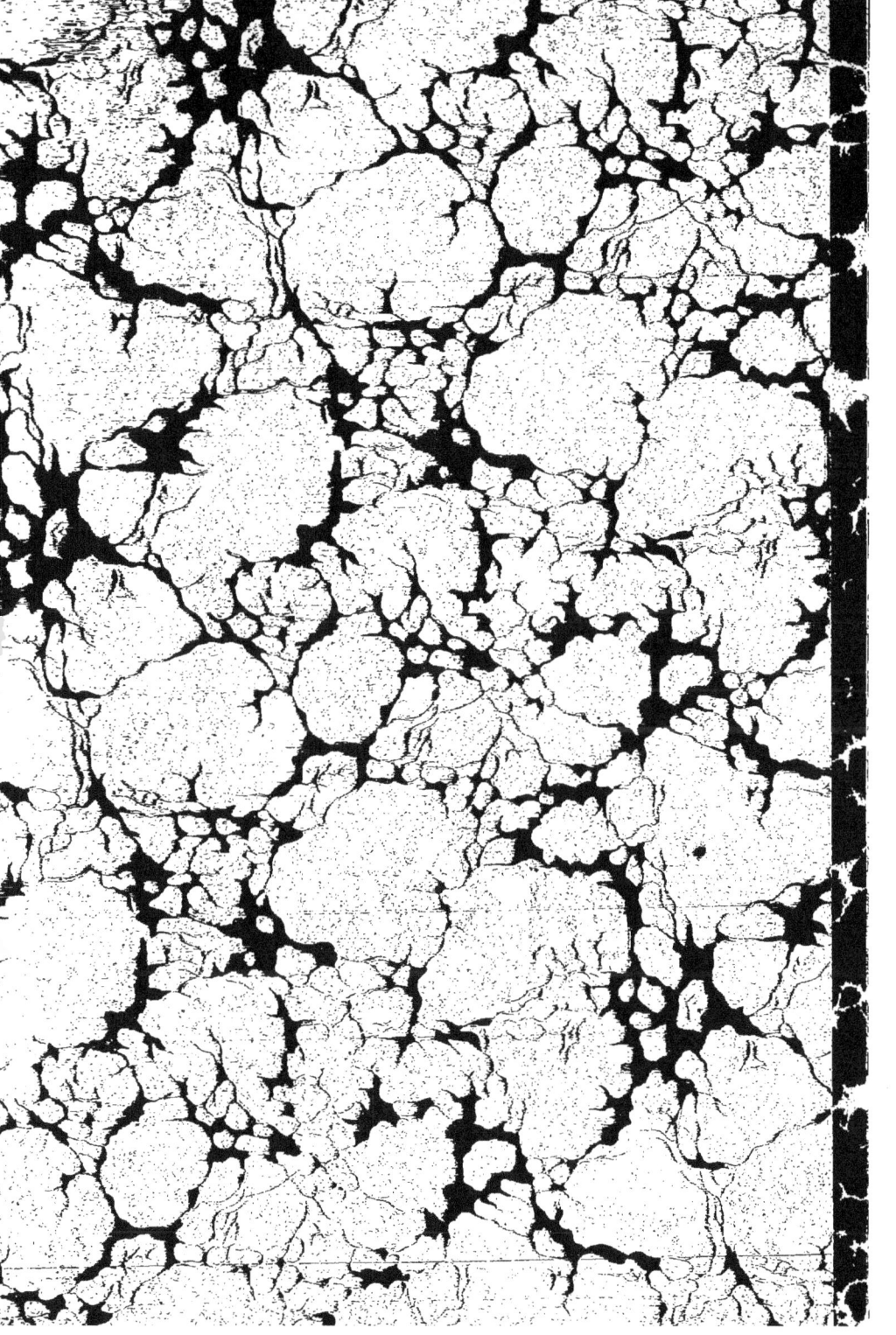

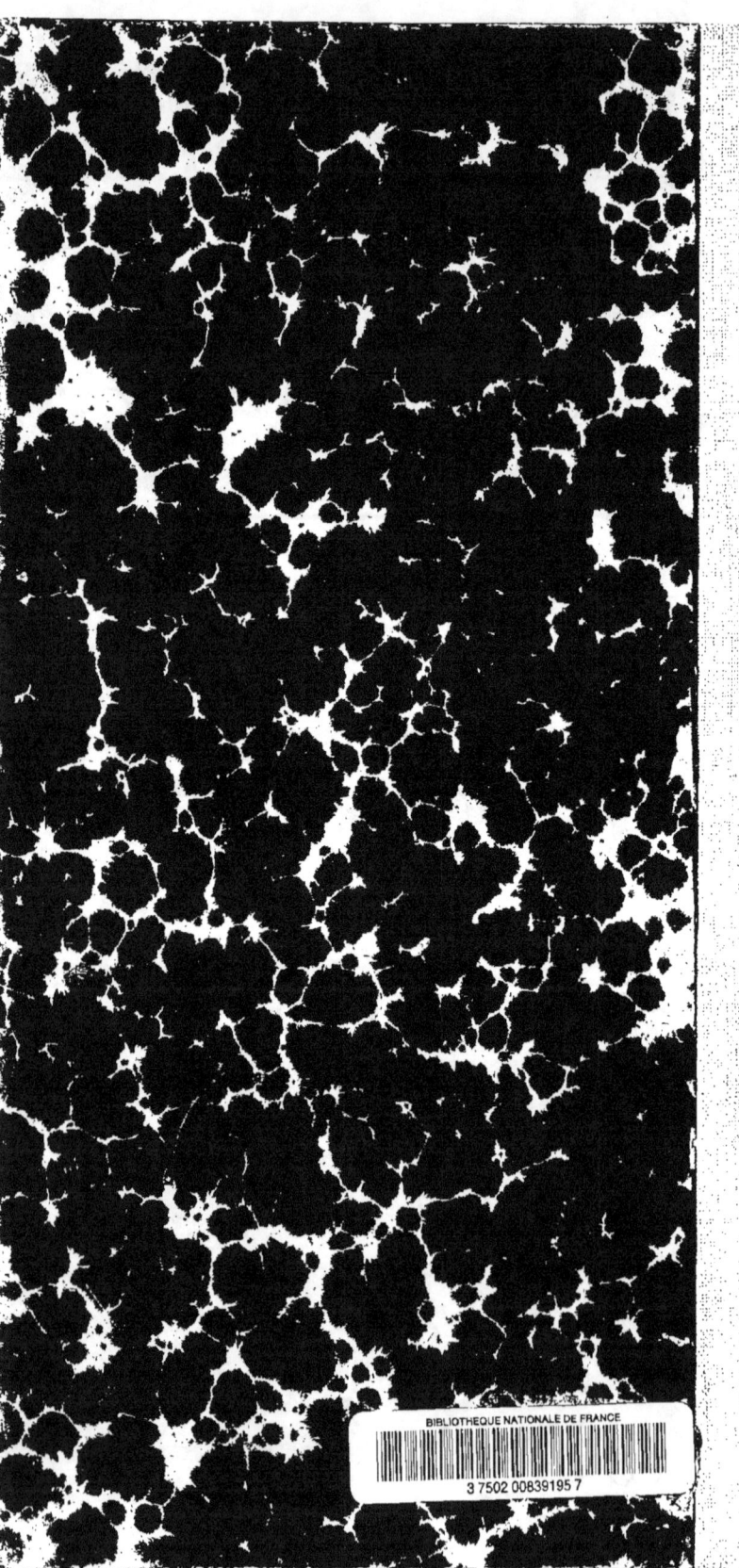

www.ingramcontent.com/pod-product-compliance
Lightning Source LLC
Chambersburg PA
CBHW061452030726
47503CB00005B/1680